AF891821

# Los secretos del REINO DE LAS SOMBRAS

# Los secretos del
# REINO DE LAS SOMBRAS

## Más allá de Elden Ring: Shadow of the Erdtree

ADRIÁN SUÁREZ MOURIÑO

Ilustrado por Adrián Prado
Prólogo de Tito Cole

LUNWERGG

La lectura abre horizontes, iguala oportunidades y construye una sociedad mejor.
La propiedad intelectual es clave en la creación de contenidos culturales porque sostiene el ecosistema de quienes escriben y de nuestras librerías.
Al comprar este libro estarás contribuyendo a mantener dicho ecosistema vivo y en crecimiento.
En **Grupo Planeta** agradecemos que nos ayudes a apoyar así la autonomía creativa de autoras y autores para que puedan seguir desempeñando su labor.
Dirígete a CEDRO (Centro Español de Derechos Reprográficos) si necesitas fotocopiar o escanear algún fragmento de esta obra. Puedes contactar con CEDRO a través de la web www.conlicencia.com o por teléfono en el 91 702 19 70 / 93 272 04 47.
Queda expresamente prohibida la utilización o reproducción de este libro o de cualquiera de sus partes con el propósito de entrenar o alimentar sistemas o tecnologías de inteligencia artificial.

© Adrián Suárez Mouriño, 2025

© de las ilustraciones, Adrián Prado, 2025

© del prólogo, Tito Cole, 2025

© Editorial Planeta, S. A., 2025
Lunwerg es un sello editorial de Editorial Planeta, S. A.
Avenida Diagonal, 662-664 – 08034 Barcelona
Calle Juan Ignacio Luca de Tena, 17 – 28027 Madrid
lunwerg@lunwerg.com
www.lunwerg.com
www.instagram.com/lunwerg
www.x.com/Lunwerglibros
www.facebook.com/lunwerg

Diseño y maquetación: Lunwerg, 2025

Primera edición: abril de 2025
Depósito legal: B. 13.876-2024
ISBN: 978-84-10378-14-8
Impresión y encuadernación: Gómez Aparicio
*Printed in Spain* - Impreso en España

PEFC
PEFC/14-38-00305
Certificado PEFC
Este libro procede de bosques gestionados de forma sostenible y fuentes controladas
www.pefc.es

*A mi madre, por enseñarme a comprender*
*el significado que ocultaba la naranja del matrimonio aquel*

Viajero, escucha en formato pódcast cómo ha sido la aventura del autor en su primera inmersión en el Reino de las Sombras.

Escanea el siguiente QR con tu móvil desde tu cuenta de Spotify:

O busca «El Diario de las Tierras Sombrías» en tu reproductor de pódcast habitual o YouTube.

En el pódcast Nuevebits descubrirás cuáles han sido sus primeras deducciones sin filtrar, sus hallazgos iniciales y cómo se han convertido en los secretos revelados que protagonizan este libro.

# ÍNDICE

# PRÓLOGO

Lo que *Dark Souls II* ha unido no hay nada que pueda separarlo. Es una forma un tanto curiosa de empezar un prólogo, lo sé, pero esta frase define a la perfección mi relación con Adrián Suárez.

Cada vez que he tenido el privilegio de colaborar con él, y muy especialmente en ese majestuoso viaje de buscar a un rey en *A juego lento* del propio *Dark Souls II*, era un mantra que ambos recitábamos entre risas, pero en el fondo era así.

Hace unos seis años que nos conocemos; somos *mutuals* de esa red social que se llamaba Twitter y, además, nos hemos convertido en camaradas y en muy buenos amigos gracias al reinado de Vendrick. Él comparte la misma visión que yo sobre ese controvertido juego que, de una forma u otra, no ha dejado indiferente a nadie y, con el tiempo, ha forjado una simbiosis perfecta entre nosotros.

A Adrián lo admiro profundamente (sin ánimo de regalarle los oídos) y siempre que tengo la oportunidad se lo digo. De hecho, suelo llamarlo *máster*, porque es la visión que tengo de él, dados sus conocimientos sobre la construcción de mundos narrativos, en especial de la obra de Miyazaki, lo que hace que sea un verdadero placer detenerse ante el portentoso virtuosismo de este y de sus peculiares formas de crear historias. Gracias a él, fui capaz de entender mejor la secuela dirigida por Yui Tanimura y Tomohiro Shibuya, y recuerdo un vídeo suyo en el que hablaba de juegos rotos y, cuando le tocó el turno a *Dark Souls II*, dijo algo que me impactó sobremanera: que, para él, una de las mejores formas de hacer encajar los engranajes de este maravilloso juego era a través de los sueños, con la asombrosa conclusión de que tal vez todo Drangleic fuera simplemente eso, un recuerdo, un sueño, lo que me pareció una revelación.

Nuevebits, como se lo conoce en sus redes, es un romántico del *lore* y tiene un concepto muy distinto al de otros especialistas en narrativa de From: mientras que ellos son verdaderos arqueólogos del universo de los *Souls*, el bueno de Adrián es un apasionado, un soñador que, lejos de perderse en senderos fantásticos, capta como nadie el significado de la peculiar forma que tiene From de contar historias. Cada vez que alguien me pregunta dónde puede encontrar contenido de *lore* en internet, mi respuesta es: el padre de las Almas Oscuras, las Tierras Intermedias y, ahora, las aventuras por las Sombrías, títulos que todo amante de los *Souls* debe tener en su estantería sin lugar a dudas.

Es posible que *Dark Souls II* haya sido el juego más importante de mi vida: gracias a él, me creé un canal de YouTube, otro en Twitch y varios pódcast, pero sobre todo he conocido a personas extraordinarias que también han visto las maravillosas bondades que posee. Es un juego que propone cosas muy diferentes a sus hermanos, ejemplifica mejor que nadie la era del hombre, la maldición oscura; es una historia de amor llevada a sus últimas consecuencias: un rey enamorado que va en contra de sus principios por la pasión hacia su reina, un reino rodeado de sueños, agua, un continente que va a la deriva y representa como ningún otro *Souls* la muerte y cómo debemos asimilarla, convivir con ella, además de hacernos saber que el trono es para aquellos que asumen su papel, su naturaleza más humana.

Y, gracias al trabajo de Tanimura en *Dark Souls II*, tenemos *Elden Ring*, un juego que bebe enormemente de la secuela, que es raíz y étimo de Drangleic; sin este título tan diferente y emblemático, jamás se habría creado un universo como el de las Tierras Intermedias. Este juego me asustó en un primer momento por su enormidad, me abruman los mundos abiertos, pero finalmente me hizo embriagarme, fue una explosión de sentidos en todos los aspectos, un juego tan dinámico, tan profundo, de una belleza que agota las palabras, de una riqueza narrativa que invita a conocer cada rincón, cada detalle de lo que allí aconteció, de transiciones entre escenarios —de lo abrupto a lo bello en apenas unos *frames*— y ejecutado con una sencillez y una inteligencia que solo los genios pueden conseguir. Podría seguir durante horas, pero lo verdaderamente importante se encuentra después de este prólogo, un viaje tan desorbitante como lo fue el primero con las Intermedias y estoy seguro de que, en esta ocasión, el máster nos hará partícipe de una epopeya sin igual sobre la verdadera razón del viaje de Miquella hacia el Árbol Umbrío, un cuaderno de bitácora tan apasionante que quedará eternamente grabado en nuestra alma. Ahora, siéntense y disfruten del hermoso y enigmático velo de ese majestuoso árbol.

**Tito Cole**

# INTRODUCCIÓN

Hola de nuevo, viajero. Veo que has sobrevivido a tu recorrido por las Tierras Intermedias y por Hyrule: no esperaba menos, pero puede que no tengas tanta suerte en esta nueva aventura...

En esta ocasión, nos adentraremos en un lugar misterioso, oculto por la malicia de la que un día fue una poderosa chamana. Recorreremos el mismo sendero que aquel niño que parecía dulce, sensato y justo y vagaremos por el castillo de la guerrera que rechazó mirar a la luna, de la hermana perdida que aún guarda el símbolo del lobo en un sitio secreto.

Viajero, me estoy refiriendo al Reino de las Sombras, un sitio que posee muchos más secretos de los que parece a simple vista.

Este libro no es una guía de juego; oh, no, no es algo tan vulgar. Se trata de un diario de símbolos y signos, es un documento que descifra los misterios de Belurat, de Enir-Ilim, que explica qué es el abismo oculto tras los ojos del empalador, cuál es el origen de la plaga de las moscas y el motivo del nacimiento de tantos cuernos.

Así que, si lo que buscas es entender qué perseguía realmente Miquella, qué es el pecado que lo motivó a despojarse de sus dudas, carne y hasta de su amor para combatirlo o quién es la Madre Informe, te doy la bienvenida: este viaje se ha escrito para ti.

No obstante, para disfrutar plenamente de este libro, he de advertirte de algo. A la vez que cabalgas con Torrentera por sus páginas, has de leer también *Los secretos de las Tierras Intermedias: Más allá de Elden Ring*. Este libro es su hermano gemelo, su otra cara, el yang de su yin, la sangre de su herida. Ambos se necesitan para estar completos, como todo en este enrevesado mundo. Para facilitarte esa tarea, verás indicado a pie de página cómo alternar entre uno y otro. Resulta poético, ¿no es cierto? Pues del mismo modo existen Márika y Radagon. Una misma alma, dos cuerpos.

Dicho esto, tú decides cómo disfrutar su lectura, como debe ser. Hay viajeros que deciden descubrir los secretos del Reino de las Sombras y, luego, verificar su veracidad en su reflejo. Otros deciden recorrer en segundo lugar el mundo que Márika ocultó con su malicia y, después, leer la verdad al completo en estas páginas. Tú decides, porque en eso consiste jugar, en elegir.

*Los secretos del Reino de las Sombras* se divide en tres partes. En la primera, se analizan todos los valores estéticos y mensajes incluidos en *Shadow of the Erdtree*. Hidetaka Miyazaki, Yui Tanimura y George R. R. Martin han hecho un trabajo excepcional combinando ideas procedentes del imaginario sintoísta, budista, cristiano, egipcio y hasta de la cultura fenicia. Lo primero es conocerlas, aprender a interpretarlas y entenderlas.

Ese conocimiento será el que se emplee para rellenar los muchos secretos y misterios que pueblan el Reino de las Sombras, pues hay cosas que se cuentan, pero otras tan solo se sienten, como ocurre con el amor.

Una vez hecho esto, se narrará la historia por orden cronológico, desde que Márika llegó al mundo hasta que abandonó el Reino de las Sombras y Messmer lo conquistó, arrasándolo todo con su vil fuego serpenteante. Pero la historia no termina ahí, sino que continúa hasta que Radahn encuentra su descanso eterno.

Finalmente, viajero, y como siempre hacemos en nuestras aventuras, se reservarán las últimas páginas para unos apuntes sobre algunos de los parajes más destacados del videojuego.

Y, ahora, adelante. Mucha suerte en tu gesta. Que la madre te acompañe... Aunque, ¿de qué madre estamos hablando en realidad?

# I

# LOS SECRETOS DEL REINO DE LAS SOMBRAS

# EL HUEVO DE MÁRIKA

El encantamiento del Árbol Áureo pequeño dice: «Márika bañó su aldea natal en oro, sabiendo muy bien que no había nadie a quien sanar». Esta aldea se llama Aldea del Chamán. A los pocos días del lanzamiento del juego, en los foros de Reddit[1] se apuntaba que, en la versión original del juego, esta zona recibía el nombre de Miko/Ichiko no Mura; *miko* es un término empleado para designar a sacerdotisas femeninas relacionadas con el sintoísmo.

El libro *Sintoísmo: La vía de los kami*, escrito por Sokyo Ono, catedrático de la Universidad Sintoísta de Tokio, señala que «los santuarios (sintoístas) son atendidos por sacerdotes que se encargan de realizar los rituales. En épocas primitivas no existían órdenes religiosas. La observancia de los ritos y ceremonias comunales eran responsabilidad de toda la comunidad. No obstante, existían chamanes, normalmente mujeres, a los que se creía en posesión de poderes ocultos que les permitían, tras observar los requisitos rituales de la purificación, adquirir una posición de prestigio y respeto en la sociedad, así como actuar en tanto médiums para contactar con los *kami*».

En un árbol cercano de la aldea natal de Márika, encontramos el objeto Trenza Dorada, que dice: «Una trenza de cabello dorado cortada. La ofrenda de la Reina Márika a la matriarca. Potencia al máximo la negación de daños sagrados. ¿Cuál fue su plegaria? ¿Su deseo, su confesión? No queda nadie para responder y Márika nunca regresó a casa». La matriarca yace al lado de este trozo de pelo. Su cuerpo de piedra se halla en plena transformación en árbol: de sus brazos, brotan pequeñas ramas, lo que nos incita a preguntarnos qué relación existe entre las chamanas inspiradas en el sintoísmo, los árboles y los *kami*.

En el libro de Sokyo Ono, leemos que «el devoto siempre encontrará árboles que señalen el camino al *kami* [...]. En ellos se cree

1. El título de este hilo de Reddit se llama *Shadow of the Erdtree Translation Woes*. Localízalo buscándolo así en Google.

que residen ciertos *kami* [...]. Antiguamente, se creía que a través de estos árboles uno podía comprender el espíritu del *kami*; hoy en día son considerados una expresión la conciencia divina». Esto explica la relación entre los chamanes (*miko* o *numen*) y la naturaleza: tienen la capacidad de comunicarse con los dioses exteriores, a los que en *Shadow of the Erdtree* se les atribuye cualidades de *kami*. Precisamente por ello, los árboles son también una manera de relacionarse con ellos. Son una expresión del poder de las chamanas y, al mismo tiempo, un símbolo de la conciencia y existencia de dichos dioses. Es decir, el Árbol Áureo y el Árbol Sombrío.

Esto lo entenderemos mejor leyendo a Shigeru Mizuki, un conocido mangaka e historiador japonés que escribió en sus estupendas guías sobre *yokai*, llamadas *Mujara*, lo siguiente: «Se dice que, a veces, los *kami* descienden del cielo a la tierra, pero no pueden permanecer en su forma original. Los árboles sagrados actúan como médium, dándole a la esencia espiritual del *kami* un lugar donde existir mientras están en el reino de los humanos. Su resonancia se nota en árboles de formas concretas: se dice que la energía de los *kami* se puede sentir con más fuerza en árboles con tronco doble o triple».[2] Nótese que, curiosamente, el Árbol Umbrío tiene un tronco que es doble, mientras que el del Árbol Áureo es sencillo.

Uniendo todos estos datos, entendemos que las chamanas de la aldea tienen el poder de crear árboles y de convertirse en ellos para atraer a los dioses externos, un poder místico que significa que son capaces de domesticarlos, encerrarlos y poseerlos. Ellas son los dioses, como también lo son árboles. Se diluye la identidad individual de cada uno de ellos y se mezcla.

Explicado esto, y entendiendo que el concepto de dioses externos está muy relacionado con el de *kami*, toca profundizar en ello. Los *kami* «son espíritus nobles y sagrados [...]. Están presentes en todos los seres, así que, en cierto modo, todos los seres pueden ser definidos como *kami* o considerados *kami* en potencia». Estas

2. Gracias por la traducción de la obra original a: <https://hyakumonogatarispanish.wordpress.com/2012/07/29/ki-no-*kami*-el-dios-en-el-arbol/>.

palabras, extraídas del libro de Sokyo Ono, explican el motivo por el que Márika, una chamana, puede convertirse en diosa, en *kami*. También por qué Miquella podría cumplir con este papel según ciertas condiciones, puesto que todos somos *kami* en potencia. «Como *kami* podemos citar las cualidades de crecimiento, la fertilidad y la producción; los fenómenos atmosféricos como el viento o el trueno; los elementos de la naturaleza como el sol, las montañas [...] y los espíritus ancestrales [...]. No solamente los espíritus superiores al hombre, sino también los débiles y patéticos son susceptibles de ser considerados *kami*».

Esta perspectiva es la que hemos de adoptar para comprender las cualidades de la gran cantidad de dioses externos de *Elden Ring* y la manera en que afectan a los individuos que los acogen en su seno. Si ya cuesta entender las peculiaridades de la Voluntad Mayor si nos da por asumir que es un dios desde la perspectiva del cristianismo, más difícil es hacerlo con la Madre Informe o la putrefacción roja. Si intentamos verlos como dioses con una mirada occidental, fallaremos, no llegaremos a nada; pero sí si los entendemos como *kami*.

Lo interesante de *Elden Ring*, y es algo que está muy presente en *Shadow of the Erdtree*, es el gran número de religiones al que acude para crear sus imágenes, personajes y sitios. No es algo que deba sorprendernos al hablar de un videojuego japonés. Como explica Madhu Bazaz Wangu en su libro *Budismo: Religiones del mundo*: «Los misioneros de China introdujeron el budismo en Corea, y de allí se fue a Japón. Los japoneses, haciendo gala de su inmenso ingenio para introducir cosas extranjeras en sus tradiciones genuinamente niponas, asimilaron el budismo en su cultura. La mayoría de los japoneses siguen hoy las prácticas del budismo junto con las del sintoísmo».

El sintoísmo es la religión, o más bien un conjunto de creencias, propia de Japón. A diferencia de las religiones occidentales, el sintoísmo no es excluyente; al contrario, busca la cooperación, la mezcla entre culturas. Permite que la fe en los *kami* se combine con la del dios cristiano o con la del buda, como hace el *lore* de *Shadow of the Erdtree*.

Este mix de religiones lo conocemos bien los jugadores de JRPG. En 1994, la desarrolladora japonesa Next Entertainment publicó *Soleil* para Mega Drive. Su *lore* se basa en uno de los mitos hebreos más famosos, el de la Torre de Babel. El célebre edificio también lo encontramos en *Illusion of time*, desarrollado por la japonesa Quintet para Super Nintendo en 1995. Es decir, la mezcla es natural.

Escuchar a Miquella prueba que esa combinación se encuentra en *Shadow of the Erdtree*. El empíreo explica que ha viajado al Reino de las Sombras para eliminar un gran pecado, pero ni el sintoísmo de los *kami* ni el budismo asumen que exista un pecado original, al contrario que la religión cristiana.

Del sintoísmo, se toma la idea de que hay un *kami* en el interior de todos los seres humanos. Del cristianismo, el concepto de dios omnipotente. ¿Cómo pasar de *kami* a dios? Es una pregunta con una respuesta compleja. *Elden Ring* pone como primera norma ser un empíreo, una condición vinculada a un nacimiento puro; es decir, uno en el que no participen estrictamente una madre y un padre.

En *Los secretos de las Tierras Intermedias*, se señaló que el nacimiento original de las númenes (o chamanas, como sabemos ahora) se produjo a través de huevos producidos por una matriarca hermafrodita en una colonia de hormigas. Que *Shadow of the Erdtree* se refiera al conjunto de chamanas como matriarcado no hace más que darle fuerza a esta teoría.

La cuestión es: ¿por qué se nace de un huevo?, ¿qué tiene un huevo de especial? Para comprenderlo, tenemos que acudir al libro *The Orphic Poems*, escrito por M. L. West, y a las creencias mitológicas de la antigua Grecia; en concreto, a los relatos sobre el origen del mundo según la cosmogonía órfica. Sabemos que hay ecos de Grecia en *Elden Ring*; por ejemplo, los ríos subterráneos de las Tierras Intermedias están plagados de arquitectura helénica.

En *The Orphic Poems*, leemos que el dios primordial es Fanes, un ser hermafrodita nacido del huevo cósmico creado por Chronos. Al huevo cósmico de la cosmogonía órfica se lo llama también *huevo órfico*. La conexión de Fanes con Márika va más allá de este nacimiento hermafrodita. Fanes es el padre de la raza de hombres conocida como *raza de oro*, y lo dorado es el símbolo de Márika.

Las representaciones pictóricas de este huevo órfico primitivo, contenedor de aquello destinado a engendrar las primeras vidas, suelen consistir en un huevo abrazado por Ananké, un dios similar a una serpiente, que lo estruja con su cuerpo reptiliano y lo acuna con su influencia. Ananké nació de la nada. Originalmente, se trataba de un ser incorpóreo, sin forma, con cuyos brazos de serpiente era capaz de rodear toda la creación. Este representa la necesidad y lo ineludible y es la otra cara de Chronos.

Al estar más familiarizados con los mitos cristianos, lo instintivo para nosotros es relacionar a la gran serpiente que muda su piel en *Shadow of the Erdtree*, y hasta a las serpientes primordiales de *Dark Souls*, con la serpiente que le entrega la fruta prohibida a Eva en el Jardín del Edén. Pero hacerlo sería un error o, al menos, una interpretación incompleta.

Las serpientes en *Dark Souls* en ningún caso actúan conforme a una ética, no obran en términos de lo que está bien o lo que está mal, no conducen a nadie a pecar, sino que son titiriteras de lo inevitable. Las serpientes irrumpen en los universos de FromSoftware siempre que algo o alguien inventa evitar que el mundo avance tal y como está escrito, tal y como hace la propia Ananké que abraza el huevo. Por eso, estas serpientes tienen tanta afinidad con Parches, pues él también aparece cuando un dios intenta impedir lo que tiene que ocurrir.

Por eso, insistimos en el nacimiento de Márika de un huevo, porque ella también representa el comienzo de una nueva era. Como Fanes, ella engendra la raza de oro y también está poderosamente influida por la serpiente, como veremos.

El huevo cósmico no solo aparece en los textos órficos, también en los chinos. En el interior del huevo que protagoniza los mitos orientales, no se encuentra Fanes, obviamente, sino el yin y el yang, las dos caras de la realidad, que se revuelven violentamente. Sus choques y enfrentamientos hacen eclosionar al huevo, que estalla. Así se explica la creación del universo, a partir de estas dos fuerzas en continua oposición y equilibrio, el yin y el yang.

Esta tensa dualidad también habita en el corazón de Márika y en el de todas las criaturas vivas de las Tierras Intermedias. Es lo que explica que en su interior se halle Radagon, así como otras partes de sí misma en liza continua.

Lo curioso es que, en el interior del huevo cósmico chino, no solo estaba el yin y el yang. Ambos serían la clara, por entendernos. La yema sería un ser llamado P'an Ku, que, una vez nació, empleó un martillo y un cincel para crear la realidad. De modo similar, lo primero que vimos en los tráileres de *Elden Ring* fue a Márika destrozando con un martillo el Círculo de Elden y moldeando a su antojo el mundo de juego. Este martillo se llama Martillo de Márika: «Martillo de piedra elaborado en las tierras de los númenes, más allá de la Tierras Intermedias. La herramienta con la que la Reina Márika destruyó el Círculo de Elden y Radagon intentó repararlo». Las tierras de los númenes no son otra que el Reino de las Sombras.

Dicho todo esto, no debería ya parecernos extraño que un ser primordial nazca de un huevo, pues no es más que una explicación poética del Big Bang. El espacio estaba comprimido hasta que explotó y dio forma al universo conocido, como cuenta la teoría, igual que cuando un huevo se rompe y sale un pollito. Tanto los griegos como los chinos intuían que esto era lo que había ocurrido y lo explicaban recurriendo al huevo.

Que una criatura mítica nazca de un huevo no es nuevo. Es un recurso estético que ya empleó Hidetaka Miyazaki en *Dark Souls III*. De él, nació Midir en el DLC *La Ciudad Anillada*. La cáscara fue calentada por los brazos de Filianore, hija de Gwyn, tal y como Ananké calentó el huevo de Fanes hasta que eclosionó y nació Midir. La escena resultaba sobrecogedora. Midir era una criatura nacida sin padre ni madre conocidos, envuelto en misterio y con el fin de derrotar al Abismo, de empezar algo nuevo tras él, una misión que no consiguió.

Todo esto que hemos contado no significa que George R. R. Martin, Yui Tanimura o Hidetaka Miyazaki hayan realizado un pormenorizado estudio de los mitos cristianos, helénicos o chinos para desarrollar los suyos propios. No hay ninguna entrevista que lo confirme.

En el año 1916, Carl Jung publicó su ensayo *La estructura del inconsciente*, acuñando en sus páginas el popular concepto de *inconsciente colectivo*. Explicado de forma sencilla, vivimos influenciados sin saberlo por las neurosis, la cultura, las ideas y los sentimientos de nuestros vecinos. Eso genera un inconsciente social que nos empuja a llegar a las mismas soluciones para los mismos problemas, seamos chinos o griegos, sin que existan, *a priori*, conexiones evidentes entre culturas a este respecto. Apasionante, ¿verdad?

Yéndonos al videojuego, Óliver Pérez Latorre escribió en el 2023 el genial libro *Imaginarios ludonarrativos: Análisis intertextual de juegos, videojuegos y ficción audiovisual*. En él, explicaba: «En este libro me centro en una subárea del imaginario social, que denomino 'imaginario ludonarrativo', que tiene que ver con el territorio de las obras culturales de carácter lúdico, narrativo y lúdico-narrativo, y sus relaciones con el imaginario social. Es decir, me intereso por juegos, videojuegos, cine, cómic y series televisivas, las relaciones entre ellos y cómo los valores, modelos de heroísmo y visiones del futuro que evocan se entrelazan y proyectan en el imaginario sociocultural».

Es decir, los autores no reciben influencias directas de los mitos griegos o chinos, ni siquiera del sintoísmo. Sin embargo, sí que son impactados por las confluencias. Distintos cómics, videojuegos, libros u obras de teatro confluyen en sus trabajos de forma inconsciente, y así una y otra vez. Al final, se forma un imaginario ludonarrativo en el que todo se mezcla. Lo que se pretende con este análisis es hallar el origen de todo para conocer más a fondo y mejor qué ha dado origen a los personajes de *Shadow of the Erdtree*.

Podemos preguntarnos cómo llegó a FromSoftware la idea del misterioso nacimiento a través de un huevo divino. Es decir, de dónde procede su confluencia. El culpable pudo haber sido *Angel's Egg*, dirigida por Mamoru Oshii y con la participación de Yoshitaka Amano en el diseño de personajes. Oshii es un maestro de la narrativa compleja, una forma de narrar que se analiza en profundidad en el libro *He soñado que soñaba: Interpretando videojuegos japoneses de narración compleja*. En la cinta, una niña lleva consigo un huevo que cuida con fervor. Cuando lo pierde, se desespera, por lo que celebra recuperarlo; pero ¿qué contiene?

La película *Angel's Egg* jamás revela qué hay en el huevo, aunque todos los mensajes de la obra, el título de esta incluido, ayudan a adivinar que se trata de algo religioso y místico, como Fanes o P'an Ku. Esto mismo ocurre con Márika: Mamoru Oshii jamás revela de manera obvia que nació de ahí, tan solo da pistas y le atribuye aspectos de los seres primigenios que sí lo hicieron según los relatos míticos.

Esta influencia nunca ha sido reconocida por Hidetaka Miyazaki, pero sí ha sido identificada por quienes lo estudiamos. Hay fotogramas de la película calcados a escenas de sus videojuegos y la protagonista es similar a Filianore de *Dark Souls III.* Además, la forma de narrar de la cinta, tan sugerente, tan surrealista, tan onírica, tiene muchos puntos en común con la manera que tiene Miyazaki de contar sus historias. Esto convierte esta supuesta influencia en una confluencia.

El regreso de Miquella al huevo con aspecto de crisálida o el nacimiento de las manadas de dedos de huevos en las Ruinas de Dheo le da coherencia a estas teorías. Del huevo emerge lo primordial, lo divino; es decir, los empíreos.

No obstante, Márika no solo está diseñada mezclando todos estos conceptos. Una vez que pasa de chamana con características de *kami* a dios, adquiere rasgos cristianos. De todos, el más obvio es la manera en la que aparece representada en santuarios y catedrales, simulando la postura de la cruz. Solo en su forma de Radagon, Márika forma una cruz perfecta, ejecutada de manera orgullosa y enérgica. En las demás representaciones, sus brazos están caídos. En las estatuas en honor a Márika en las Tierras Intermedias, su cuerpo parece estar queriendo dar un abrazo sin darlo. En las del Reino de las Sombras o Tierras Sombrías, sus brazos están elevados, representando su ascensión. Decimos «supuestamente» porque estas estatuas carecen de cabeza, están deformadas.

Asimismo, hay un tercer tipo de estatua cubierta por un velo oscuro que se encuentra en los aposentos de Messmer. Parece ser Márika abrazando a un niño, queriéndolo. Su cabeza está ahí, colgando de su cuello, y sonríe, algo inaudito.

Sin embargo, hay que ser cautos al identificar siempre a Márika como la protagonista de estas esculturas. En la Aldea del Chamán, bajo el árbol junto al que encontramos la Trenza Dorada, se halla la matriarca de clan, que es idéntica a Márika: mismo corte de pelo, mismo rostro claro y misma expresión. Al adentrarnos en una de las muchas prisiones gélidas en las que se preparan los tarros, como la Prisión de Doliente, por ejemplo, si nos fijamos en las abominaciones que salen de su interior, también veremos un rostro similar.

Los tarros contienen chamanes, el ingrediente principal, mezclados con otras cosas vivas. Y todas son como Márika, mujeres delgadas de pelo largo que recuerdan a la Virgen María. Como un clan de hormigas, el rostro de todas ellas es similar. Entonces, ¿la mujer que aparece en todas las esculturas es siempre Márika? ¿Es posible que no lo sea?

Resolveremos esta cuestión al narrar la historia del DLC de forma cronológica en la segunda parte. Pero todavía tenemos que comprender cómo puede llegar a ser dios un empíreo y por qué querría lograrlo.

# MIQUELLA, EL BUDA DE BABEL

Una de las figuras más interesantes de todo *Shadow of the Erdtree* es Miquella. Cuando oímos hablar de él en *Elden Ring*, lo tomamos por un pobre niño indefenso, como si necesitara la protección de su hermana, Malenia. La congregación de Santa Trina lo transformó en su dios.

Una vez llegamos a lo más profundo del Árbol Hierático, descubrimos el cuerpo de Miquella en la corteza de su tronco y a Malenia, su fiel espada, protegiéndolo. Esta transformación de cuerpo en árbol quizá resultara extraña en el juego base, pero ya no nos lo parece. Ya conocemos la íntima relación que se da entre los *kami* y los árboles, así como de los chamanes con la naturaleza y los propios *kami*. La muerte de un chamán en *Elden Ring*, o el sacrificio de una parte de sí mismo, parece desembocar en la transformación en árbol o en la creación de uno que sirve de puente entre el cielo y la tierra, y Miquella es hijo de Malenia, así que es como ella. Las chamanas tienen esta conexión con los dioses externos, y también Miquella, a quienes crean casas para que habiten en ellas a costa de su propia identidad. Si Miquella se hubiera convertido en dios en *Shadow of the Erdtree*, habría habitado en el Árbol Hierático, por eso lo creó en última instancia.

Si bien la metáfora del huevo ya ha sido usada en juegos anteriores, lo mismo ocurre con el árbol. En esta ocasión, hemos de irnos a Drangleic, a *Dark Souls II*. La secuela codirigida por Yui Tanimura nos involucra en el enfrentamiento que mantuvieron Nashandra y Vendrick con los gigantes. Al ser derrotados, los gigantes se transformaron en árboles preciosos.

Si nos fijamos en el primero de los gigantes convertido en árbol que nos encontramos en la Torre del Cardenal, en el Bosque de los Gigantes Caídos, veremos su cuerpo y rostro en el interior de su corteza. Esto cumple con lo que sabemos de la relación entre los *kami* y los árboles. La madera es el hogar del dios y el árbol, al contenerlo, se convierte en un dios en sí mismo. Cuando Márika decide refugiarse en el Árbol Áureo, construido para dar hogar a la

Voluntad Mayor, está haciendo lo mismo. Y esto también se aplica a su hijo.

El Árbol Hierático de Miquella recuerda a otro árbol que nos encontramos en *Dark Souls II*; en concreto en *Crown of the Sunken King*. Se trata del Árbol Pagano: una mutación de un árbol repleta de ojos, órganos que son símbolo de los Grandes en *Bloodborne* y, por lo tanto, también de lo pagano. Al lado del Árbol Pagano, hallamos el maleficio Paseo de Paz Prometido, que dice: «Permanecer de pie y mirándose fijamente el uno al otro, rezumando ira y odio, pero sin moverse lo más mínimo. Esa es la naturaleza de la paz».

Con este texto y este árbol, recordamos que no todos los *kami* son benévolos, pues no todos los árboles lo son. El siguiente texto de *Sintoísmo: La vía de los kami*, nos habla de la maldad de los dioses y de dónde procede: «El hombre es intrínsecamente bueno por naturaleza, y el mundo en el que vive es igualmente bueno. Es el mundo de los *kami*. El mal, por tanto, no puede originarse en este mundo y tampoco puede provenir del hombre. El mal es un intruso que procede del exterior. La fuente del mal y de la tentación está en el mundo de la oscuridad. Los espíritus maléficos, llamados *magatsuhi*, son su causa».

Este texto habla de los dioses exteriores: son considerados *kami*, pero pueden tener intenciones malignas por provenir de más allá del mundo de los hombres. No son seres primordiales sin ética, como la serpiente, sino criaturas capaces de amar y odiar. Y ellos también pueden ser alojados en árboles o en el interior de los propios chamanes, empíreos o númenes, por representar estos a dichos árboles. Tal es el caso de Miquella y Santa Trina.

Regresando a Miquella, hay muchos interrogantes en torno a él. ¿Por qué se desprende de partes de su cuerpo antes de convertirse en dios?, ¿es parte de ese extraño ritual que hay que llevar a cabo? ¿Por qué esta transformación se produce cruzando la Puerta de la Divinidad? ¿Por qué usa un capullo con forma de huevo para llegar al Reino de las Sombras? ¿Por qué es capaz de morir en el Árbol Hierático y renacer en los brazos de Mohg, separar una mitad de su ser para engendrar a Santa Trina y seguir lo bastante vivo como para romperse en once pedazos?

Leemos en *Budismo: Religiones del mundo*: «El Buda cuestionó la idea hindú del *atman* ('alma'), la conciencia individual que renacía de nuevo una y otra vez. Negó que existiera cualquier alma personal y eterna o un Yo permanente. En su lugar, comparó al individuo con un carro. Un carro estaba hecho de diferentes elementos: ruedas, cuerpo, yugo, etc., que, por separado, no eran un carro. De la misma manera, pensó el Buda, un individuo está formado de cinco elementos llamados *skhandas*, los cuales estaban siempre en un estado de cambio. Los *skhandas* eran: forma y materia, sensaciones, ideas, emociones y conciencia [...]. Cuando una persona llega hasta el Nirvana, el carro se disuelve».

Lo que hace Miquella es dejar atrás todos estos *skandhas* para disolverse y alcanzar el Nirvana, es decir, convertirse en un dios capaz de eliminar el pecado. Por eso, no solo se deshace de su cuerpo o piel, también de sus dudas o amor, que es lo que nos conduce a pecar. Es el motivo por el que su cruz tiene forma de rueda de carro que se rompe.

Las huestes de Miquella también hacen alusión al Buda. En esta ocasión, a los momentos previos a llegar a la iluminación. En el mismo libro, leemos: «Siddhartha adoptó una vida de extrema abnegación y penuria, meditando constantemente [...]. Su santidad era tan evidente que cinco ascetas se le unieron, esperando aprender de su ejemplo [...]. Un día, dice la tradición budista, Siddhartha se dio cuenta de que sus años de penitencia solamente habían debilitado su cuerpo [...]. En aquel momento apareció una ordeñadora y ofreció a Siddhartha un tazón de leche y arroz, que él aceptó con gratitud. Cuando los cinco ascetas que habían sido sus discípulos lo vieron, lo abandonaron por creer que había renunciado a la búsqueda de la verdad absoluta».

Siddhartha, fortalecido, encontró finalmente la iluminación al descubrir las cuatro verdades sibiles. De estas, la segunda decía que «todo sufrimiento tiene como causa el deseo y el intento de satisfacer nuestros deseos» y la tercera, que «el sufrimiento puede evitarse destruyendo el deseo». Una vez que Siddhartha pasó a ser Buda, «los cinco ascetas reconocieron inmediatamente que el Buda había encontrado el camino correcto. Ellos fueron sus primeros discípulos».

Miquella recibió una iluminación parecida a la de Buda. También comprendió que había que eliminar el deseo para evitar el sufrimiento. Él lo expresa así al encontrarse con el jugador: «Si has pecado, si te entristece este mundo, cédenos el camino para avanzar [...]. Me convertiré en un dios [...]. Haré del mundo un lugar mejor». El pecado es el deseo que el Buda mencionaba, quien se liberó de sus *skandhas* para ser digno de alcanzar el Nirvana, es decir, digno de convertirse en dios.

Leda y sus seguidores tienen una actitud similar a la de los ascetas con respecto a Buda. No son como los apóstoles cristianos, no son ciegos seguidores de Cristo que se atormentan cuando su fe flaquea. Ellos dudan, cambian de opinión y siguen sus propios intereses.

Pero, cuando Miquella se refiere a un pecado que quiere eliminar, ¿a cuál se refiere exactamente? Por la presencia constante de una serpiente primigenia en el DLC, ¿está hablando del pecado original de Adán y Eva? No del todo. Se refiere a la soberbia, y eso lo descubrimos entendiendo qué es Belurat, Enir-Ilim y la Puerta de la Divinidad.

En hindú, *belur* significa 'templo', mientras que la otra parte del nombre de Belurat, *at*, puede hacer referencia a *atman* ('alma'), como hemos comentado antes, o bien a la preposición inglesa *at*, en referencia a un lugar en el que ocurre algo. Pero ¿qué tipo de templo es este *belur*?

En el libro *Los mitos hebreos*, de Robert Graves y Raphael Patai, leemos que la forma arcadia para referirse a la Torre de Babel era Bab-Ili ('la puerta de Dios'). El término *Ili* aparece en el nombre de la construcción que crece sobre Belurat, Enir-Ilim. *Enir* significa 'hogar' o 'estancia'. En la cima de Enir-Ilim, se encuentra la Puerta de la Divinidad, que permite acercarse tanto a Dios que un numen o empíreo puede transformarse en uno. Y llegar a dios era justo el objetivo de la Torre de Babel, supuestamente construida tras el diluvio universal que obligó a Noé a construir su arca. En *Los mitos hebreos*, se dice: «Nemrod y su pueblo construyeron la Torre de Babel en un acto de rebelión contra Dios; porque Nemrod dijo: "me vengaré de Él por haber ahogado a mis ancestros [...]". Planearon asaltar el Cielo desde la Torre, destruir a Dios y poner ídolos en su lugar».

En Génesis 11, se relata lo siguiente sobre la Torre de Babel: «Los hombres consultan de perpetuar su memoria con el edificio de una ciudad y de una torre, y ponen su determinación en efecto. Dios con la confusión de las lenguas castiga su soberbia e impide la empresa y, por esta ocasión, se esparcen por toda la tierra». Y es que este es el pecado que pretende exterminar Miquella convirtiéndose en dios: la soberbia.

No es la primera vez que la soberbia se presenta como tema central en las obras de Hidetaka Miyazaki y Yui Tanimura; de hecho, tanto *Dark Souls* como *Bloodborne* van sobre ella. La trilogía, cuya narrativa se centra en la estirpe de Gwyn, critica duramente la soberbia de este. Gwyn es tan soberbio que incluso se atreve a impedir que el ciclo de luz y oscuridad siga su curso y el mundo sucumba a la necesaria Edad Oscura tan solo porque él es el soberano del sol, no de la noche. Ese es el motivo de que aparezcan las serpientes primigenias Frampt y Kaathe: como sucedía con Ananké, su misión es asegurarse de que ocurra lo inevitable.

Por su parte, *Bloodborne* relata la absoluta soberbia de unos investigadores que desean llegar a los Grandes y convertirse en uno de ellos. ¿Y qué son los dioses exteriores de *Elden Ring* o los *kami* sino Grandes?

Hay varios elementos decorativos tanto en Belurat como en Enir-Ilim que recuerdan a las fábulas de la Torre de Babel. Se percibe la soberbia en su decoración y en su arquitectura. Las columnas tienen una forma trenzada, un tipo de estructura propia del lujoso y ostentoso estilo arquitectónico Barroco, lo que nos recuerda a la columna salomónica, cuyo fuste tiene forma helicoidal. Se llama *salomónica* porque, según la Biblia, son las que se construyeron en el templo de Salomón.

No obstante, esta forma de espiral también se vio en otro periodo y en otra parte del mundo. En Grecia y Roma hace casi tres mil años. Se las conocía como *columna de las serpientes* o *serpentias*. Lo interesante es que sus espirales remataban con tres cabezas de serpiente. En la actualidad, una de ellas se encuentra en el Museo Arqueológico de Estambul.

Las columnas de Belurat y Enir-Ilim tienen las características de las salomónicas y las serpentinas. Por una parte, muestran la soberbia y el lujo del Barroco y de Salomón. Por otra, manifiestan la afinidad del templo con la serpiente y con lo que se retuerce. De hecho, no encontramos estatuas de Márika con cabeza o sin ella en estos sitios, sino otras en las que aparecen dos cuerpos unidos y enroscados por lo que parecen ser cuernos, raíces o serpientes. De nuevo, la dualidad representada como un solo ser, pero ¿la de quién?, ¿la de Miquella?, ¿la de otra persona? Será algo que también resolveremos al narrar la historia por orden de *Shadow of the Erdtree*.

Antes de eso, hay que matizar que, del mismo modo que el huevo cósmico es una idea común en varias religiones, también lo es la dualidad de un ser. La mitología china habla del yin y el yang. La cristiana, de dos naturalezas existentes en Cristo: la humana y la divina. Según el credo niceno, Cristo es humano y, a la vez, divino. Sin embargo, otra rama de la misma fe habla del monofisismo,[3] lo que quiere decir que Cristo es humano y divino, pero no a la vez, sino conformado por dos partes separadas.

Teniendo en cuenta la tremenda mezcla de valores estéticos religiosos que presenta *Shadow of the Erdtree*, y que esto es parte de la gracia de su *lore*, no nos cuesta afirmar que un numen o empíreo cuenta con una parte yin y otra parte yang, con una parte divina y otra humana, así como con un conjunto de *skandhas* de los que desprenderse, posiblemente asociados a esa parte humana.

Poniendo como ejemplo a Miquella, su ardiente yang pudo haber sido el calor del que se desprendió para dar a luz al Árbol Hierático, mientras que su yin sería la frialdad necesaria para ser sacrificado en el huevo de Mohg. Su parte humana estaría separada en *skandhas*, los que dejó en su peregrinaje por el Reino de las Sombras, y su parte divina sería Santa Trina, abandonada en las profundidades. Lo dejó todo atrás y accedió a la Puerta de la Divinidad, vacío, tal y como se llega al Nirvana, y eso lo ayudó a convertirse en un auténtico dios mediante el rito correcto.

Ahora que vamos teniendo más claras las particularidades del rito de transformación, cabe preguntarse qué es la Puerta de la Divinidad que se halla en lo alto de Enir-Ilim. Se parece a una puerta

3. Puedes leer más sobre este concepto en: <https://definicion.de/monofisismo/>.

*torii*[4] sin arco superior. Tal y como leemos en el libro *Arquitectura tradicional de Japón*, esta es una puerta «esquemática [...] formada por dos pilares ligeramente inclinados y un par de vigas a modo de dintel. Señala la entrada a un recinto sintoísta y simboliza un espacio sagrado». En su texto, Sokyo Ono señala: «Cuando ha llegado al recinto del santuario, el fiel continúa a pie (que es como Miquella se presenta al jugador una vez convertido en dios). Al atravesar el primer *torii* experimenta un sentimiento de purificación que se prolonga a lo largo del camino de acceso». Por tanto, la Puerta de la Divinidad es un *torii* construido con base en los sacrificios humanos de los chamanes. Eso le da poder y le permite contactar con los poderes de los dioses exteriores tras realizar un rito de purificación, pues los chamanes son puentes. Es una puerta que sirve de puente.

La cuestión que puede surgirnos ahora, si damos por bueno que Miquella dejó todo esto atrás para convertirse en dios, y si sospechamos que Márika también cruzó esta puerta para transformarse, es ¿a qué renunció ella para purificarse? El mismo texto de Sokyo Ono nos da una pista sobre esta cuestión: «Si alguien padece una enfermedad, tiene una herida abierta de la que emane sangre [...], no debería acudir al santuario». ¿Márika dejó atrás algo relacionado con la sangre y las heridas para acceder a la puerta?

Dejando la respuesta de esa pregunta para más tarde, hay otro aspecto del juego que refuerza el paralelismo entre la Puerta de la Divinidad y el *torii*. Como tal, la palabra *torii* significa 'pájaro cazador'. En *Elden Ring*, existe el Ave Bicéfala, una entidad poderosa, primitiva, misteriosa y antigua. Conocemos a sus descendientes, pues nos hemos enfrentado muchas veces a ellos: las Aves de la Muerte. Su trabajo es cuidar la llama espectral y evitar que se apague, lo que se logra atizando las cenizas de los muertos en los cementerios. La descripción del hechizo Llama Espectral Explosiva dice: «En la época en la que no existía el Árbol Áureo, la muerte

4. Estupendo artículo sobre las puertas *torii* de *National Geographic*: «¿Qué significan los arcos *torii*, las puertas sagradas que se encuentran en todo Japón?». Lo encontrarás en: < https://www.ngenespanol.com/el-mundo/que-simbolizan-los-arcos-torii-las-puertas-sagradas-que-se-encuentran-en-todo-japon/>.

ardía envuelta en llama espectral. Las aves de la muerte custodiaban ese fuego».

Es decir, estas aves son pájaros cazadores que impiden que nadie ose profanar los cementerios ni las cenizas de los muertos. Son *torii* en sí mismas. Son pájaros que sirven de conexión entre el mundo humano y el espiritual, como hace la propia Puerta de la Divinidad.

Cuando Miquella se transforma en dios, lo vemos salir caminando con los pies descalzos, pues es así como llega alguien a un *torii*. Brilla con una luz que nos recuerda a Cristo, pero observamos algo extraño en él: tiene cuatro brazos, como Ranni. Para entender por qué posee este número de extremidades, hemos de irnos al hinduismo. Dioses como Brahma, Siva o Visnú aparecen a menudo representados con cuatro brazos. El exceso de extremidades hace referencia tanto a sus talentos como al número de tareas que pueden hacer a la vez. De esa manera, se sabe que un dios es más capaz que un humano. Así, es coherente tratar a Miquella como una suerte de Buda y hacerlo ascender a dios tras ser purificado, pero no porque Buda aceptara la existencia de los dioses, sino todo lo contrario.

Cuando llegó a la iluminación, Buda entendió que las personas eran los auténticos dioses. En su tiempo, la fe principal era el brahmanismo, consistente en realizar sacrificios rituales y seguir un modo de vida estricto para estar más cerca de Brahma; es decir, de lo divino. Sin embargo, él lo negó, Buda negó a los dioses. Pero Miquella tiene que hacer de tripas corazón y aceptar transformarse en uno para obtener el poder suficiente y erradicar, de una vez por todas, el pecado de la soberbia. Por eso, Santa Trina no para de decirle que se equivoca, que convertirse en dios es caer en una trampa.

Lo interesante de la cuestión es que Ranni lo sabía. Conocía la existencia de este tipo de transformación, pues su cuerpo mecánico también tenía cuatro brazos. Fue una amenaza, una manera de ofender a los dioses, toda una declaración de intenciones por parte de la luna y las estrellas. Ella no podía acceder a la Puerta de la Divinidad, pero sí usar la ciencia a su favor.

Hay más cuestiones interesantes que analizar en Enir-Ilim. Nada más llegar a este templo, vemos una maqueta de un barco sobre un pedestal. ¿Qué hace esto ahí? El barco tiene un carnero tallado a cada costado. Sus cuerpos le dan forma a la estructura del navío. En el centro de este, en la cubierta, aparecen seis personas que portan a un muerto y, sobre la cabeza de estas, hay un techo sustentado por cuatro columnas. Lo interesante es que este barco está basado en un modelo real encontrado en Egipto entre el 2055 y el 1650 antes de Cristo.[5] La única diferencia destacable entre ambos es que, en la maqueta real, Anubis, el dios de la muerte, estaba sentado cómodamente en el techo.

Lo fascinante de esta pieza es que se trata de una declaración manifiesta por parte de FromSoftware de que, para la creación de su *lore*, está recurriendo a las distintas religiones del mundo, mezclándolas y otorgándoles un significado nuevo. Para *Elden Ring*, todas las religiones son una misma fuente de inspiración, como una era la lengua que se hablaba en la Torre de Babel antes de ser dividida en setenta por la ira de Dios. En este videojuego, la división queda patente en un número casi infinito de dioses exteriores enfrentados entre sí y atraídos a este mundo por la Puerta de la Divinidad: esa es la Torre de Babel de *Shadow of the Erdtree*.

Hay más barcos que este en el Reino de las Sombras. En Costa Cerúlea, encontramos un montón de ellos varados en la playa. Es como si sus respectivos vigías no hubieran visto que había tierra a la vista y se hubiesen empotrado contra la arena. Algunos hasta fueron más allá de la costa, horadando la superficie terrestre y estrellándose contra la zona conocida como Fisura en Ataúd de Piedra.

Como el barco funerario de Enir-Ilim, estos también tienen animales cornamentados en su decoración y parecían transportar a muertos, pero ¿por qué un atraque tan accidentado? ¿No sabían que ahí se encontraba el Reino de las Sombras?

El objeto Velo de Imitador dice lo siguiente: «Cuando Godrick fue expulsado de Leyndell, capital del reino, este fue uno de los

5. El parecido entre ambos barcos es increíble. Busca el artículo «Egyptian funerary boat model» en la web de este museo: <https://australian.museum/learn/cultures/international-collection/ancient-egyptian/egyptian-funerary-boat/>.

muchos tesoros que se llevó consigo. También recibe el nombre de 'Malicia de Márika'». Si alzamos la vista al cielo, vemos un velo. Esto responde a la descripción del Velo de Imitador, solo que este es enorme y cuelga del Árbol Umbrío. Hay algo malicioso que relaciona a Márika con el árbol a través de este engaño velado que hace invisible el Reino de las Sombras y le da aspecto de océano desde las Tierras Intermedias, y viceversa.

Conocemos la localización de este continente por una tablilla que se encuentra en la cima del Pilar de la Extinción. Dice: «El mismísimo centro de las Tierras Intermedias. La Muerte en todas sus formas llega hasta aquí, solo para ser extinguida». Está en el centro exacto, en la parte del mapa de las Tierras Intermedias que, *a priori*, es mar. De hecho, si tomamos el mapa del Reino de las Sombras, vemos que encaja sobre dicho agujero. Pero, al hacerlo, descubrimos que hay algo que no tiene sentido: la Costa Cerúlea no tiene mar; está pegada a Necrolimbo, no a una playa.

Entonces, atendemos de nuevo al resto de la descripción de la tablilla. No solo es relevante que se halle en el centro del continente, también que todo el que muere es atraído allí y atrapado para siempre, es su naturaleza. Esto mismo les ocurrió a estos barcos cargados de muertos. Cuando se acercaron a las Tierras Intermedias, ese poder los atrajo al Reino de las Sombras, los empujó hacia su interior y naufragaron. Pero eso no responde a la pregunta de cómo llegaron a la Costa Cerúlea por mar si esta no era en realidad una costa.

Para responder a eso, hay que comprender qué significa *invisible* en *Elden Ring*. Si nos fijamos en el barco funerario de Enir-Ilim, este cuenta con un carnero en la popa y otro en la proa. Este animal con cuernos era una forma de representar a Amón, el invisible, citado también como *patrón de los barqueros*.[6] Amón también puede aparecer representado como un león con cuernos: la bestia divina León Danzante, el enemigo de Belurat.

Para los egipcios, «el mundo invisible estaba habitado por una caterva de genios, de demonios, de emisarios y enviados de los

6. Amón es un dios muy interesante. Lee más sobre él en este artículo llamado «Amón, el enigmático dios oculto del antiguo Egipto»: <https://www.sociedadhistorica.com/socios/amon_dios_oculto_antiguo_egipto>.

dioses, de difuntos peligrosos que sobrevivían comiendo inmundicias, descritos como seres deformes que caminan con los pies y la cabeza mirando hacia atrás, personajes temibles que, según creían, eran los responsables de los extraños ruidos de la noche, de todo tipo de terroríficas manifestaciones, apareciéndose ante los vivos o visitándoles en sus pesadillas».[7] Es decir, el Reino de las Sombras se encuentra justo en el medio de las Tierras Intermedias, pero no está ahí en realidad, sino en otro plano de la existencia al que solo se accede a través de la muerte o la bendición de un dios. La invisibilidad se refiere a un mundo aparte. Por eso, Miquella no se limita a caminar desde el Necrolimbo para llegar a este sitio, sino que ha de sacrificar su cuerpo a la Madre Informe a fin de convertirse en su emisario. Él sabe dónde se halla el Reino de las Sombras y cómo llegar a él.

Los barcos funerarios egipcios servían justamente para esto, para transportar el alma del difunto a través del río Nilo hasta el más allá.[8] El más allá también está próximo a nosotros, pero es invisible por cuanto que no podemos llegar a él si no es a través de la muerte. Lo mismo ocurre con el cielo cristiano: se halla en el centro de nuestro mundo, sobre nuestra cabeza, pero nos resulta inaccesible e invisible mientras sigamos vivos.

El barco de Enir-Ilim lleva un difunto envuelto en una gruesa mortaja. Volvemos a ver a este mismo muerto en las esculturas abrazado a un segundo ser, ambos apretujados entre cuernos que se enredan entre sí. De esta forma se describe el proceso para ascender a dios. Por fin, entendemos el ritual completo. Se necesita un recipiente muerto, a Mohg, y a otro ser que se una a él para ser un todo, el alma de otra criatura, la de Radahn. Las ramas representan el rito de la Puerta de la Divinidad. Enroscándose, un tercero llegará a dios, Miquella.

7. El artículo «Magia en el Antiguo Egipto: La oscura verdad tras las maldiciones y los conjuros para resucitar muertos» habla a fondo sobre esta cuestión en: <https://www.abc.es/historia/abci-magia-antiguo-egipto-oscura-verdad-tras-maldiciones-y-conjuros-para-resucitar-muertos-201708100243_noticia.html>.
8. En el artículo de la BBC «Egyptian funerary boat» encontrarás más información al respecto: <https://www.bbc.co.uk/ahistoryoftheworld/objects/-q-160iURT694-i0Eo5b8Q#:~:text=The%20Egyptian%2>.

Sin embargo, en Enir-Ilim, no solo hay columnas retorcidas, barcos egipcios y la transformación de un empíreo en un dios de cuatro brazos que parecen tres. También se dejan ver unos viejos conocidos, los monumentales.

## LOS ASCETAS AMARILLOS QUE VIVEN ENTRE CUERNOS

«Te estábamos esperando, desde hace mucho tiempo. Soy uno de los monumentales. Conservamos el tejido de la realidad. Hay una historia que deseo contarte. Antaño, también tuvimos que enfrentarnos a demonios [...]. Para remendar la realidad, nos convertimos en monumentales. Pero la memoria de los hombres es muy corta y no tardaron en repetir los mismos errores.»

Esto es lo que le dice un monumental al jugador cuando se encuentran en *Demon's Souls*. En la página 38 del manual de juego de PlayStation 3, se describen como sigue: «A pesar de su cuerpo joven, sus ojos tienen un aire de tranquilidad inescrutable, como si pudiera ver grandes distancias a través de sus ojos entreabiertos. Sus párpados caídos siguen el modelo de los que se ven comúnmente en las estatuas budistas». En este texto, encontramos otra prueba del uso de las religiones y creencias que hace FromSoftware para el *lore* de sus títulos.

Conocimos a los monumentales en el Nexo, en *Demon's Souls*, y vuelven a aparecer en Belurat cumpliendo el mismo papel que entonces. Están aquí para velar por la conservación del tejido de la realidad, porque peligra. En el Nexo, vigilaban al Anciano y su ascensión; aquí, observan y evalúan la transformación de un empíreo en un dios. En *Demon's Souls*, descubrimos que la realidad fue fracturada en partes infinitas, cada una representada por la partida de un jugador. Todas estas partes estaban al alcance de nuestra mano, pero eran invisibles, como el Reino de las Sombras en las Tierras Intermedias. En *Demon's Souls*, esta conexión se representa al poder ver a los jugadores de otras realidades moviéndose en la nuestra.

En el inolvidable juego de PlayStation 3, necesitábamos una piedra de ojo para saltar entre estas realidades. Si queríamos disfrutar en cooperativo del título, había que recurrir a la piedra de ojo azul y para jugar en PVP, a la piedra de ojo negro.

En Belurat, vemos unos pocos monumentales en torno a las escaleras que usamos para ascender por la torre. Es en Enir-Ilim donde nos encontramos un grupo más numeroso de ellos, que se presentan como el jurado de un extraño juicio o como el público de un combate en un coliseo, pues la forma de obrar y razonar de los monumentales nunca está del todo clara.

Los contendientes son el Sinluz que manejamos y los seguidores de Miquella. Están comprobando quién tiene razón: nosotros, señores del viejo orden, o Leda y los suyos, que pretenden crear uno nuevo, ese mundo más amable al que aspira el empíreo.

La arena que invade el ring de combate, que se escurre por todos los rincones del edificio, tiene dos significados. El primero es el tiempo: es la arena de un reloj cuyos granos no discurren, sino que están atrapados, porque los monumentales son guardianes eternos del tiempo y la realidad. El otro es el origen de los ascetas en nuestra realidad, los Padres del Desierto.[9]

En el siglo VI, muchas personas decidieron abandonar las ciudades conquistadas por Roma para vivir una vida ascética, privada de lujos y viviendo con lo mínimo para sentirse más cerca de Dios. Así, la arena del desierto es un símbolo de este estilo de vida. Se creía que negarse los placeres y entregarse al desierto le concedía al asceta poderes místicos, incluso que llegaba a la iluminación. Justamente a esto se dedican los de la torre.

En el atuendo del asceta, leemos: «Personifica su compromiso de llevar una vida austera y de estricto autocontrol. Con el fin de ascender de su carne mortal hacia las deidades tutelares de la

9. Para saber más sobre ascetismo, un buen consejo es acudir a la web *Concepto*, a su artículo «Ascetismo»: <https://concepto.de/ascetismo/#:~:text=Etimología%20e%20historia%20del%20ascetismo,-La%20palabra%20"ascetismo&text=El%20ascetismo%20como%20práctica%20filosófica,antigua%20y%20la%20patrística%20medieval>.

zona, elevaron su espiritualidad mediante un severo entrenamiento ascético».

Así pues, la civilización que llegó de alta mar con sus barcos funerarios, ignorando el velo invisible de Márika, debió de sentirse poderosamente influida por los monumentales e iniciar estas prácticas ascéticas. Esto se comprende al ver el color de sus ropas. Tanto los monumentales como los cornamentados y monjes de esta zona visten de amarillo, símbolo de Buda y de la búsqueda de la iluminación, según el budismo.

Sin embargo, ocurrió algo extraño en Belurat. En los cornamentados, se manifestó el crisol. En el encantamiento Características del Crisol: Cuernos, leemos: «Se trata de una manifestación de las energías vitales primarias del Árbol Áureo, un aspecto del crisol primordial, donde hubo un tiempo en que toda forma de vida era una sola». Conocer el crisol y sentir su poder en sus carnes condujo a los ascetas a investigarlo y entender que «la espiral es una corriente de crisol normalizada. Un día, formará una columna que llegará hasta los dioses», como se lee en el encantamiento Espiral.

En el capítulo anterior, dimos dos respuestas a por qué las columnas salomónicas o serpentinas de Belurat estaban retorcidas. Esta es la tercera explicación, y nos permite entender por qué el Árbol Umbrío tiene dos troncos que se retuercen entre sí, así como por qué las esculturas de la zona se componen de dos cuerpos protegidos por dos ramas que ascienden en espiral.

El uso de los cuernos como elemento simbólico del crisol, de la fuente de vida original y unida de todas las Tierras Intermedias, resulta hasta obsesivo en *Shadow of the Erdtree*. Existe una explicación a ello, pues los cuernos también tienen su significado según los valores estéticos de la religión cristiana. Jugando una vez más con la dualidad, de los significados en este caso, «el término hebreo *queren* significa 'rayo de luz' y también 'cuerno'. Confundiendo ambas acepciones, la Vulgata, en vez de *resplandecía*, tradujo *su cara* (de Moisés) *tenía cuernos*. De ahí surgió la representación de Moisés en el arte religioso con cuernos».[10]

Nos referimos a la conocida escultura de Moisés realizada por Miguel Ángel que tiene dos cuernos que le emergen de la cabeza. Estos aparecen por un error de traducción de la Biblia, ya que *cuernos* y *resplandecer* se escriben igual en hebreo. Este equívoco ha conseguido que los cuernos sean un símbolo de la iluminación.

«Cuando san Jerónimo tradujo Éxodo 34, 35 se encontró con una palabra compuesta por las letras KRN; es importante aclarar que en hebreo no se escriben las vocales. La cual se puede interpretar como "keren" ('radiante', 'luminoso', 'con rayos de luz') o "karan" ('cuerno'). Actualmente la mayoría de las Biblias traducen aquel pasaje de la siguiente manera: "Y los Hijos de Israel vieron entonces que rayos de Luz emanaban de la tez del rostro de Moisés". San Jerónimo, en cambio, optó por la siguiente traducción: "Y los Hijos de Israel vieron entonces que cuernos emanaban de la tez del rostro de Moisés".»[11]

El objeto Cuerno Incipiente muestra unos cuernos redondeados y bulbosos similares a los que aparecen en la escultura de Miguel Ángel. Su descripción reza: «Este cuerno empezó a brotar en una bestia que, normalmente, no tiene cuernos. Puede que sea un vestigio del crisol primigenio».

Se entiende que, a medida que los cuernos se van retorciendo, pareciéndose a los del carnero que representa a Amón, el

10. Leemos esto en la aclaración que dan a esta parte del Éxodo en Bible.com: <https://www.bible.com/es-ES/bible/442/EXO.34.DHHED>.
11. Para saber más de este tema, es muy recomendable el artículo de *National Geographic* «¿Por qué tiene dos cuernos el Moisés de Miguel Ángel?». Lo encontrarás en: <https://www.ngenespanol.com/culturas/dos-cuernos-moises-miguel-angel/>.

cornamentado se va acercando a la iluminación y tiene más poder; pero esto es una falacia, ya que, en realidad, la cornamenta lo vuelve más soberbio y peligroso, incluso contra los suyos. El objeto Excremento con Cuernos dice: «Se dice que los más mortíferos depredadores con cuernos disfrutan cazando y devorando a otras criaturas asimismo astadas».

Precisamente por esto, Miquella no encuentra oposición por parte de los monumentales para acceder a la Puerta de la Divinidad, porque vieron en él a una persona que podría borrar de la faz de la realidad a unas criaturas que se volvieron peligrosas, aunque, *a priori*, deberían ser buenas por haber sido iluminadas.

La cuestión es ¿por qué los monumentales permitieron tanto el paso de Miquella como el del Sinluz? La respuesta es que ellos siempre tienen una idea propia acerca de cómo enmendar la realidad. De hecho, los monumentales le dicen al jugador que quieren ayudarlo a derrotar al Anciano en *Demon's Souls*, pero lo cierto es que hay indicios de que son ellos quienes despiertan a la bestia. En ese sentido, poca diferencia hay entre estos y la serpiente primigenia. Son criaturas que trascienden a los dioses, la ética y los deseos. Por eso, su aparición causa tanto impacto en *Elden Ring*, porque están incluso por encima del canon. *Shadow of the Erdtree* ni se molesta en confirmar que los monumentales son los mismos que en *Demon's Souls*, pero tampoco lo desmiente. Tal es su poder. Sí, también como le ocurre a Parches.

## UN APUNTE SOBRE EOCHAID

Eochaid es un término que significa 'caballo' en gaélico. Asumimos que de allí llegaron los ascetas y que hicieron el viaje en barco. Si estos fueron los creadores de la Puerta de la Divinidad, amontonando cadáveres hasta construir dos torres, tuvieron que emplear no solo los cuerpos de las chamanas. Si nos fijamos en la Aldea del Chamán, apenas hay un puñado de casas;

no se trata de una ciudad enorme con muchísimos habitantes que usar como sacrificio.

Por descripciones de varios objetos, sabemos que es de las chamanas de donde se extrae el poder para comunicarse con los dioses. Al fin y al cabo, son puentes, pero ¿hacia qué dos orillas? Una es el espacio, donde habitan los dioses exteriores, y la otra es el crisol, con el que se puede conectar mezclando la carne de las númenes con tripas comunes. El Moho de Mosca dice: «Se obtiene al cazar hombres mosca. Cultivado utilizando la carne y la sangre de los hombres mosca, puede servir como entrañas de los tarros». Estos tarros son las creaciones que los carianos estaban realizando, partiendo de los hallazgos de los ascetas, para crear su propia divinidad.

Así pues, para construir la Puerta de la Divinidad, hacían falta cuerpos de chamanes, pero también cadáveres comunes que llegaron en el interior de los enormes barcos atracados en Costa Cerúlea, los cuales supuestamente pertenecían a esclavos. Esta pista la obtenemos del significado de Eochaid ('caballo') y de lo que representa en relación con los barcos. Las embarcaciones fenicias conocidas como *hippo* llevaban caballos en su mascarón de proa. Eran naves preparadas para la guerra y también eran enormes. Además, como los navíos de piedra de *Shadow of the Erdtree*, carecían de bodega.[12]

Los fenicios eran grandes navegantes, comerciantes y esclavistas. Trasportaban esclavos de aquí para allá, los vendían y ganaban una fortuna. «Aunque los fenicios eran buenos comerciantes, también podían ser muy crueles. Según cuentan, en ocasiones hacían que las personas subieran a sus barcos con el pretexto de mostrarles sus productos, y entonces las convertían en esclavos. De hecho, llegaron a traicionar a sus antiguos socios, los israelitas, vendiéndolos como esclavos. Por esa razón, varios profetas hebreos predijeron la destrucción de la ciudad fenicia de Tiro. Alejandro Magno cumplió aquellas profecías en el año 332 antes de

12. El artículo «Las naves fenicias», del blog *Cátedra de Historia y Patrimonio Naval*, aclara esta cuestión: <https://blogcatedranaval.com/2020/04/07/las-naves-fenicias/>.

nuestra era (Joel 3, 6; Amós 1, 9-10). Con la destrucción de Tiro, la era fenicia llegó a su fin.»[13]

No es difícil imaginar a los comerciantes de Eochaid seduciendo a incautos, prometiéndoles la divinidad, subiéndolos a sus naves y, luego, traicionándolos para convertirlos en entrañas destinadas a la Puerta de la Divinidad.

Lo interesante de esta historia, y que conecta directamente con la misteriosa ubicación del Reino de las Sombras, así como con el abrupto atraque de dichos barcos en la Costa Cerúlea, es Tarsis o Tarshish. Porque da la impresión de que las tremendas embarcaciones de Eochaid se estrellaron contra la playa, como si navegaran perdidas o hubieran llegado por casualidad a un país misterioso.

«Ha corrido mucha tinta tratando de dilucidar y ubicar a la Tarsis (Tarshish) bíblica. Que de paso se ha convertido en una de las ubicaciones más polémicas de la antigüedad. Ubicar dicho antiguo reino comercial obviamente tiene varios significados importantes [...]. Pero, para nosotros, el más importante es saber si los israelitas de la época de Salomón comerciaban con lo que hoy es España, conllevando ello que, con la expulsión de los israelitas por los asirios, un buen contingente de ellos se hubiera refugiado, desde el siglo VIII a. C., en la Iberia.»[14]

No está claro dónde se halla Tarsis; la Biblia no lo especifica. Se estima que se encuentra en torno a las islas Baleares y al norte de África. Si nos fijamos en las Tierras Intermedias, tienen aspecto de C o de dónut con un trozo arrancado en un lateral, a la altura del norte de Caelid. Si comparamos esta forma con el conjunto geográfico que forman África, España e Italia, veremos que hay un gran parecido. Sobre todo, porque el Reino de las Sombras se ubica en el centro mismo de las Tierras Intermedias, como parece que también lo está Tarsis.

Además, a Tarsis no solo se puede llegar dejando la parte sur de Italia a la derecha de los barcos navegados por los fenicios, lo que se correspondería con el norte de Caelid, sino también por

13. <https://wol.jw.org/es/wol/d/r4/lp-s/2008811>.
14. <http://www.historiayarqueologia.com/2016/08/la-tarsis-biblica-en-el-mediterraneo.html>.

Marais sabe mucho. El Escudo Grande de Zarza se describe así: «Escudo grande procedente de tierras foráneas usado por Elemer de la Zarza. Los ataques ejecutados con este objeto aprovechan las espinas de hierro enrolladas alrededor de su armazón. Es originario de Eochaid, tierra de ascetas orgullosamente solitarios».

Estos ascetas orgullosamente solitarios de Eochaid pueden ser los monumentales, lo que nos proporcionaría una conexión entre la Madre Informe, Belurat y Enir-Ilim. Tiene sentido, ya que la Madre Informe protege a los cornamentados y a los augurios.

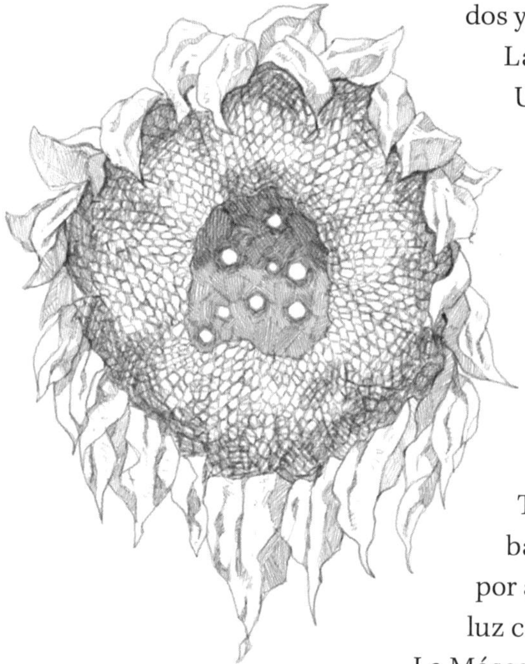

Las espinas proceden del Árbol Umbrío y herirse con ellas hasta el punto de arrancarse los ojos es un tributo a la Madre Informe. Al pelear contra el Avatar del Árbol Umbrío, este nos ataca con espinas. Al herirse, sangrar y sufrir, uno la encuentra a ella: se manifiesta en el dolor. Eso hacía la Casa Marais en el Castillo Sombrío, en las Tierras Intermedias: se torturaban por vivir en una dicotomía, por adorar tanto al Árbol Áureo y su luz como al Árbol Umbrío y su dolor.

La Máscara de Marais explica: «La historia de la familia Marais presenta una dicotomía que abarca varias generaciones. Han servido tanto de verdugos como de castellanos del Castillo Sombrío. Las facciones de esta máscara se asemejan a las del primero de su linaje». Es decir, han provocado tanto el dolor que exige la Madre Informe como la gracia que da Márika.

La Máscara de Marais nos da otra pista que conecta a la Madre Informe con los ascetas, los monumentales, Belurat y Enir-Ilim. Todos los elementos de su diseño, sus coleteros y el collar son amarillos. Ese es también el color que representa a los monumentales y el de los monjes cornamentados que rezan en el templo que custodia la Puerta de la Divinidad. No es casualidad. Como hemos dicho, el amarillo es el color que simboliza la iluminación de Buda. A su vez, el Castillo Sombrío está rodeado de la misma miasma purulenta que cubre los bajos fondos de Belurat. La conexión es clara.

Dicho esto, podemos razonar que la Madre Informe mantuvo una estrecha relación con Márika, que esta diosa de las heridas se aloja en el Árbol Umbrío y que lo creó a él y sus dolorosas espinas del mismo modo que Márika contribuyó al nacimiento del Árbol Áureo y su luz.

También se entiende que la Madre Informe llegó a las Tierras Intermedias desde el Reino de las Sombras e influyó con sus espinas y su dolor a la Casa Marais, motivo por el que quedaron apartados y asediados por el mismo veneno con el que se atacó a Belurat. Márika convocó a Messmer a luchar contra ella y acabó enterrada en las cavernas más profundas del mundo, donde Mogh la encontró. Se intuye que ambas son enemigas o, de nuevo, la misma persona o algo muy parecido, puesto que las dos son madres, y Márika la teme.

El Recuerdo del Empalador dice: «Una serpiente malévola se retorcía dentro de Messmer, por lo que su madre le arrancó el ojo y lo sustituyó por un sello de Gracia. Sin embargo, su miedo la obligó luego a esconder a su hijo en el Reino de las Sombras. Oculto junto al pecado original, su odio fue creciendo».

Las serpientes forman parte de la Madre Informe. Conocemos esta relación porque la representación de una mujer con dos serpientes es muy recurrente en *Elden Ring*. Nos la encontramos en la Mansión del Volcán y en varios muros de Elphael. Ahora, tras jugar al DLC, después de batallar contra Messmer y ver su influencia en él, queda clara la conexión entre estas criaturas y ella. En esencia, es una muy parecida a la de Velka con las serpientes primitivas en *Dark Souls*.[16] Es más, siguiendo con la teoría de que todos los *Souls* están conectados formando un universo compartido

16. Puedes profundizar en el *lore* de *Dark Souls* leyendo mi obra *El padre de las almas oscuras: Hidetaka Miyazaki a través de su obra.*

con *Bloodborne* y *Elden Ring*, vemos en Velka, mujer de Gwyn, a una suerte de Madre Informe, e incluso a una ascendiente o descendiente de ella.

Lo más interesante de esta conexión, de la dicotomía entre Madre Informe y Márika, es cómo juega con ella *Elden Ring: Shadow of the Erdtree*. Antes mencionamos el Iris de la Gracia, que no es otra cosa que el ojo que Messmer se arranca. Su descripción dice así: «Un iris bendecido con un encantamiento del Árbol Áureo. Ponlo en el ojo de otro para conceder la luz de la Gracia como una bendición fugaz. También se puede utilizar para recibir la bendición de una gran runa equipada. En el Reino de las Sombras, este artificio fue empleado por los sacerdotes del Árbol Áureo para calmar, de forma muy efectiva, los temores de su rebaño».

No obstante, en el juego no solo existe este iris, también encontramos el Iris de la Ocultación: «Un iris tan oscuro como la noche. Ponlo en el ojo para negar la luz en todas sus formas. También se puede utilizar para recibir la bendición de una gran runa equipada, a costa de todas las runas que se posean. En el Reino de las Sombras, este artificio fue empleado por los sacerdotes del Árbol Áureo para intensificar, de forma muy efectiva, los temores de su rebaño».

Dos iris, dos formas de ver el mundo. En ambos se ve la cruz de Márika, pero en uno se representa su luz y en otro, su oscuridad. Esta idea se repite en la Espada en Funda de Piedra: «Una espada que nadie puede sacar de su funda de piedra agrietada. Una reliquia de una civilización perdida de un tiempo muy lejano, de la que se dice que cumplía una función ritual en los altares de la luz y la oscuridad». Las dos espadas hacen daño sagrado, solo que una desata el poder de la luz y el otro de la oscuridad, pero su esencia es la misma, lo dorado. Lo interesante es que el cambio que se hace de Espada de Piedra a luz o a oscuridad es reversible, es un estado intercambiable.

Es decir, si aceptamos que la Madre Informe y Márika son la misma persona, tentada la primera por la serpiente primitiva, ¿puede la misma mujer alternar entre varias apariencias?,

¿puede optar por ser luz u oscuridad según le plazca? De ser cierto, tendría sentido que Mohg y Messmer eligieran a la Madre Informe como su madre y señora, ya que es su madre por cuanto también es Márika, una parte o *skandha* de ella. Todo esto quedará más claro al contar la historia de *Shadow of the Erdtree* por orden cronológico.

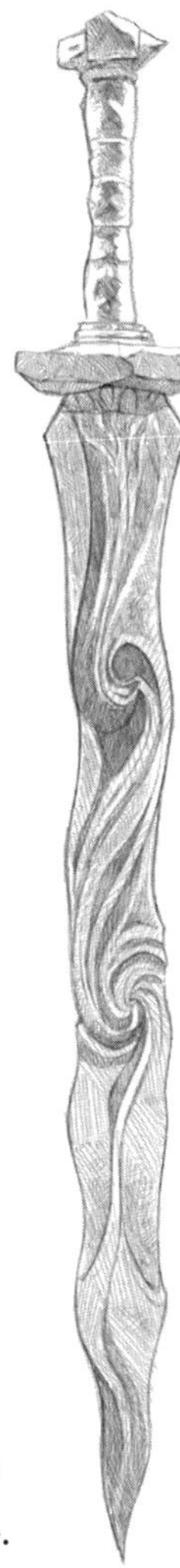

Como hemos hecho con los elementos restantes del juego, resulta interesante entender de dónde procede la inspiración, influencias y confluencias para la creación de la Madre Informe, también llamada Diosa de la Verdad y de las Heridas. Siguiendo la pista de su relación con Enir-Ilim, y sabiendo que la maqueta de un barco funerario egipcio saluda al viajero recién llegado a la torre, parece que *Shadow of the Erdtree* nos está pidiendo que busquemos entre los dioses del Nilo para hallar su origen.

«Aunque con el tiempo se la acabaría considerando como la personificación definitiva de la bondad y el amor, al principio era literalmente una deidad sanguinaria a quien arrojaron sobre la humanidad para castigarla por sus pecados.»[17] Esta es la diosa Hathor, que «desciende sobre el mundo con una furia destructiva, mata a todo el que se encuentra por el camino y derrumba sus ciudades, destruye sus hogares y arrasa campos y jardines, y de esa manera se transforma en la diosa Sejmet».

Hathor tiene muchos puntos en común tanto con Márika como con la Madre Informe. Era sanguinaria, aunque dejó atrás esa parte suya y acabó siendo considerada una madre amorosa. Transformada en Sejmet, Hathor era una madre que sanaba las heridas, pero también las causaba. «Así, cuando se enfada, Hathor se transforma en una diosa leona fiera y sanguinaria, pero que también tiene un lado sanador: Sekhmet (Sejmet), la poderosa, la que trae las plagas, la que utiliza su destructora ira para proteger al faraón y a Egipto».[18] La criatura que baila en la cima de Belurat también es un león.

17. Busca el artículo «Hathor» en la web *World History Encyclopedia*: <https://www.worldhistory.org/trans/es/1-435/hathor/>.
18. <https://historia.nationalgeographic.com.es/a/sekhmet-diosa-leona-sanguinaria-y-sanadora3_16288>.

Los parecidos entre la Madre Informe y Hathor son mayores si recordamos que el poder de la primera se manifiesta al arrancarse los ojos con espinas. En cuanto a Hathor: «Nun le dijo a Ra: "Hijo mío, eres un gran rey. Mantén tu trono y recuerda el miedo de la gente cuando tu Ojo está sobre ellos. Deja libre a tu Ojo y ella golpeará a los rebeldes por ti. Suelta a Hathor y los malvados intrigantes serán destruidos [...]". Y Ra hizo lo que su padre le aconsejó: soltó sobre la humanidad a su hija Hathor transformada en Sekhmet, la leona de la furia devastadora, que arrasa a los enemigos de su padre con el calor destructor del Sol: "El desierto se tiñó de rojo con la sangre mientras el Ojo perseguía a los traidores y los mataba, uno por uno. No se detuvo hasta que las arenas estuvieron cubiertas de cuerpos. Entonces, temporalmente saciada, regresó triunfante junto a su padre para jactarse de sus logros"». Porque Hathor no es otra cosa que un ojo, el ojo de Ra, y Ra es el dios Sol, como lo es Márika.

Esto suma algo nuevo a lo que ya sabíamos acerca de la división en partes de las personas en *Elden Ring*. Conocíamos la dualidad propia del yin y el yang, los *skandhas* y el monofisismo; pero hay algo más, una parte del cuerpo que puede transformarse en un ser poderoso, sanguinario, sanador y sin forma. Un iris de oscuridad. Un iris de gracia.

## EL DEDO DE DIOS

*Shadow of the Erdtree* no solo mezcla distintas ideas de diferentes fes, culturas y religiones para construir su *lore*, hace mucho más para ganar nuestra atención. Lo más inquietante de todo *Elden Ring* son los dedos.

El mapa del Reino de las Sombras tiene forma de mano cerrándose en un puño. En todo el territorio, hay hasta tres lugares de los que brotan dedos del suelo. Existe una iglesia preciosa llamada

Manus Metyr, en cuyo interior se encuentra Ymir, que desea que hagas sonar una serie de campanas situadas en los otros dos sitios donde estos nacen. Hacerlo atraerá a Metyr, madre de Dedos, y le permitirá a Ymir convertirse en la madre de su propia mano.

Ymir dice lo siguiente al conversar con el Sinluz: «Márika, y los dedos que la guiaron, eran endebles desde el principio [...]. Es su madre quien está dañada y es voluble. Los dedos no son más que niños inmaduros. Víctimas en su propio derecho. Todos necesitamos a una madre, ¿verdad?». Esta charla resulta muy reveladora. En *Elden Ring*, tomamos a los Dos Dedos y a los Tres Dedos como unos seres muy poderosos, crueles, oscuros y seguros de sí mismos, inteligentes y superiores. Pero Ymir nos dice lo contrario, que no son más que chiquillos inmaduros, ¿y acaso no lo son todos los dioses de todas las cosmogonías en realidad?

Los dedos, a través de sus gestos, son mediadores entre la Voluntad Mayor y Márika. La pregunta es ¿de dónde procede esta cualidad de mediadores? «En la obra Niśvāsatattvasaṃhitā (siglos IV-VI) de la escuela Siddhānta, el mudra es presentado como un mediador entre el mantra de la divinidad y el cuerpo del practicante, y sirve para favorecer una especie de 'posesión' que ayuda a encarnar a la divinidad.»[19]

Los mudras son posiciones simbólicas que se adoptan con las manos para ayudar a la meditación y a la canalización de energía. Son similares a los *jutsus* que ejecutan los ninjas en *Naruto*, el manga de Masashi Kishimoto. Además, según el mudra, el dedo índice se asocia con Júpiter; el corazón, con Saturno; el anular, con Urano; el meñique, con Mercurio, y el pulgar, con la misma conciencia divina. Esto explica la relación de los dedos con el cosmos, los dioses y los humanos. Con base en el mudra, la mano derecha simboliza el sol y la izquierda, la luna.[20] Es decir, Leyndell por un lado y Raya Lucaria por el otro. Los dos reinos son ambas manos enfrentadas

19. El artículo «Orígenes: Mudrā en la tradición esotérica» te aclarará más sobre esta cuestión: <https://blogs.upm.es/culturafisicaoriental/2020/11/27/origenes-mudra-en-la-tradicion-esoterica/>.
20. El artículo «Mudras: Historia, tipos, beneficios y simbología» profundiza aún más en esta disciplina y muestra algunos de los mudras más populares: <https://xuanlanyoga.com/mudras/>.

sin ser capaces de unirse, por mucho que Radagon lo intentase al desposarse con Rennala, o aunque Ymir nos recuerde que ambas casas tienen a sus propios dedos que velan por ellos.

Sin embargo, esa infantilidad e inmadurez de los dedos que señala Ymir no tiene nada que ver con el mudra; su origen hemos de encontrarlo en otro sitio. Para entender lo pueriles que son, tenemos que fijarnos en el popular cuadro *La creación de Adán*. Se trata de la obra pintada por Miguel Ángel en la Capilla Sixtina; sí, el mismo que esculpió el Moisés con cuernos. En ella, se retrata a un Dios que desea tocar con su dedo el de Adán. Sin embargo, este ni estira del todo el brazo ni hace el menor esfuerzo por alcanzarlo. Deja su mano caída y flácida, tal y como haría un niño mezquino y caprichoso que rechaza el cariño y la atención de su padre.

Esta actitud de Adán es la que le atribuye Ymir a los Dos Dedos; por eso, él se ofrece como madre para cuidarlos y enseñarlos bien. Hay una respuesta muy reveladora que da el propio Hidetaka Miyazaki sobre la toma de referentes religiosos que luego adapta a su manera. En el libro *Dark Souls Design Works*, dice: «Para diseñar las ruinas de Nuevo Londo tomamos la estructura de un edificio que existe en el mundo real, la catedral Mont Saint-Michel. No hemos realizado una copia exacta del sitio, pero es fácil ver las similitudes entre Nuevo Londo y esta catedral». Con *Elden Ring: Shadow of the Erdtree* hace lo mismo: toma ideas estructurales y luego las adapta como le place.

Hay una cita de la Biblia que nos ayuda a comprender por qué los dedos se dedican a pintar líneas sobre la superficie del Reino de las Sombras, en especial en los lugares en los que nacen. Las marcas que encontramos en las Ruinas del Dedo de Dheo y del Dedo de Rhia recuerdan a los geoglifos de Nazca, es decir, a las conocidas líneas que surcan la tierra formando dibujos de animales. La teoría más extendida es que las líneas de Nazca se dibujaron para conmemorar o identificar eventos cósmicos como la salida del sol, pero esta cita de la Biblia es aún más reveladora. Leemos en Éxodo 31, 18: «Y, cuando terminó de hablar con Moisés sobre el monte Sinaí, le dio las dos tablas del testimonio, tablas de piedra, escritas por el dedo de Dios».

Los diez mandamientos fueron escritos en piedra por el dedo de Dios. Por eso, los dedos pintan su presencia en el Reino de las Sombras moviéndose sobre el terreno. Puede parecer descabellado buscar en la Biblia una referencia a estos personajes, pero deja de parecerlo cuando viajamos hasta el Almacén de Especímenes, en la Fortaleza Sombría. Allí, tanto Ansbach como Freyja buscan una salvación para sus respectivos señores en letras escritas en piedra, en unos documentos similares a los que portaba Moisés al bajar del monte Sinaí.

De esta manera, y una vez más, cruzando ideas del budismo y sus mudra con otras del cristianismo, es como se le ha dado forma a la personalidad de un personaje clave del juego y a los seres que tanto ama. Por supuesto, estas tablas pétreas no han podido ser escritas por los dedos de los dioses exteriores, sino por los ascetas que alaban a los monumentales o por ellos mismos.

Además de todo esto que hemos comentado, hay otro aspecto fascinante en relación con estas ruinas de dedos y al mix cultural con el que se forma el *lore* de *Shadow of the Erdtree*. La manera en la que los dedos pintan la tierra, formando círculos concéntricos, no solo recuerda a una huella dactilar, también a un jardín zen. Los dedos se alzan entre la arena como las rocas que habitan estos espacios de meditación. Cuando caminamos entre ellos, se respira un ambiente solemne.

Dice Byung-Chul Han en su estupendo libro *Ausencia* lo siguiente: «El jardín seco realiza el principio de la vivificación paradójica. Vivifica la naturaleza al secar su alma [...]. Se mata su deseo natural, orgánico. Este jardín zen de piedra, este lugar de la sobrevida, coloca a la naturaleza en un estado de satori (iluminación en el budismo zen). La espiritualiza al cortarle el alma. Apartada de la vida y de la muerte, brilla en vacío y en ausencia».

Del budismo zen obtenemos la pieza del rompecabezas que nos faltaba para comprender estos espacios al cien por cien. El mundo de las Tierras Intermedias vive en dualidad, en lucha ininterrumpida entre sus dos facetas. Como su propio nombre indica, es un mundo intermedio. Son dos manos, sol y luna, incapaces de unirse y de formar un sello con sus dedos, es decir, un mudra. Y son tan infantiles como lo es el dedo de Adán.

Las ruinas de los dedos son el corazón de esa dualidad, se vacían tanto de sol como de luna, de vida o de muerte. Por lo tanto, son una iluminación. Sirven para que sintamos una profunda ausencia, la misma que se pretende al recorrer un jardín zen o jardín seco.

# EL HALCÓN Y LA BESTIA

En esta primera parte, hemos hablado mucho sobre las confluencias, es decir, acerca de cómo tantas ideas procedentes de culturas tan dispares han logrado llegar a *Elden Ring: Shadow of the Erdtree* y cómo lo han hecho sin que sus autores parezcan siquiera ser conscientes de ello.

Llegados a este punto de la lectura, es innegable que conceptos procedentes de la cosmogonía egipcia, de la religión cristiana, del budismo o de la fe practicada en China están presentes en esta expansión y forman parte nuclear de su *lore*. Pero ¿cuál ha sido la principal fuerza que lo ha hecho posible? Hay muchas, aunque el manga ha sido el principal culpable.

El cómic japonés o manga es un medio artístico y de expresión fantástico. Aunque existieran obras previas a las de Osamu Tezuka, él fue el culpable de determinar sus bases narrativas, de ritmo y de estilo.[21] Trabajos suyos como *Astro Bot, Adolf* o *Black Jack* inspiraron a mangakas tan importantes como Akira Toriyama, creador de *Dragon Ball*. Es difícil encontrar a un autor de manga de los ochenta o noventa que no reconozca que ha sido influenciado por Osamu Tezuka, por Akira Toriyama o por ambos.

Osamu Tezuka se fijó para sus obras en las películas de Walt Disney, en las cintas de ciencia ficción occidentales, en la literatura extranjera y en la autóctona, y con todo ello construyó un lenguaje propio híbrido en el que cabía de todo. El manga imitó todo aquello que les apasionaba a sus autores y lo adaptó a sus páginas en blanco y negro sin ningún tipo de rubor. Por eso, es tan fácil encontrar en *Dragon Ball* a Bruce Lee, referencias a la obra china *Viaje al Oeste* o una copia descarada de la trama de la película *Terminator* en el arco argumental de Trunks y sus viajes por el tiempo.

Y esta fuerza que lleva arrastrando consigo cualquier influencia y referencia oriental y occidental desde los años cincuenta,

21. Sobre esta cuestión, se recomienda la lectura del libro *He soñado que soñaba: Interpretando videojuegos japoneses de narración compleja.*

redibujándola hasta hacerla pasar por algo totalmente japonés,[22] llegó al videojuego. El editor de Akira Toriyama, Kazuhiko Torishima, mezcló los diseños del artista, su propia pasión por los RPG de PC occidentales de los ochenta y la dirección y estructura de Yuji Horii, y desarrolló el primer *Dragon Quest* junto con Enix. Publicado en 1986, el considerado el primer JRPG contemporáneo no solo fue un éxito rotundo, sino que sirvió como guía para aprender a trasladar ideas del manga al videojuego. A Hidetaka Miyazaki, el que más le influyó para desarrollar su obra fue *Berserk*.

*Berserk* es un manga ya histórico, un clásico del género publicado originalmente por Kentaro Miura en 1989. Miura perdió la vida en el 2021, un año antes de la publicación de *Elden Ring*. Hidetaka Miyazaki declaró que le encantaba *Berserk*,[23] y se nota. Por eso, no es de extrañar que el videojuego esté repleto de referencias a sus personajes, sus mundos y sus valores estéticos.

Berserk está protagonizado por dos guerreros: Guts y Griffith. Guts es Blaidd en *Elden Ring*, el fiel protector de Ranni, como Guts lo es de Casca en el manga, y ambos tienen un aspecto similar. Si decidimos seguir la historia de Ranni, la presencia de Blaidd en *Elden Ring* se vuelve principal, pues nos acompaña en la aventura hasta que muere en nuestras manos. Como Guts, Blaidd es bueno aunque vista de negro y dé miedo.

Si bien *Elden Ring* se concentra en Blaidd y en Guts, *Shadow of the Erdtree* está dedicado a Griffith, porque Miquella es él, aunque a diferencia de este, su rostro no es duro ni está lleno de cicatrices, sino que posee rasgos femeninos. Sus ojos son claros y sus labios, carnosos. Es atractivo, y no solo porque sea guapo, sino porque genera atracción: es capaz de congregar grandes ejércitos a sus pies, seducir a princesas sin problemas y engañar a los mismos diablos para que le concedan poder.

22. Sobre la relación de manga y videojuegos, es muy aconsejable la lectura del libro *Los niños del oeste que crecieron entre dragones: de Dragon Quest a Sea of Stars*.
23. Lo declara Hidetaki Miyazaki en el artículo «Hidetaka Miyazaki on bringing Elden Ring to a close and the future of from software»: <https://www.gamespot.com/articles/hidetaka-miyazaki-on-bringing-elden-ring-to-a-close-and-the-future-of-from-software/1100-6524337/>.

Griffith parece bondadoso, tierno y alguien de confianza durante los primeros capítulos de *Berserk*, pero no tarda en descubrirse que es alguien dispuesto a todo para conseguir sus fines. Miquella es similar: su apariencia es la de un niño inofensivo. La comunidad de Santa Trina lo escoge como a su dios. Encarnando la figura del patrón de los sueños, es capaz de hacer soñar a sus seguidores, y lo mismo hace Griffith con los habitantes de Midlands. Sus palabras engatusan, ilusionan y engañan.

Miquella trata al jugador como Griffith trata a los ciudadanos del universo de *Berserk*. Les hizo creer que era bondadoso, que era una víctima, que había huido de Leyndell gracias a la ayuda de su hermana. Pero lo cierto es que fue él quien manipuló a Malenia para que se enfrentase a Radahn, despojase su alma de su cuerpo y pudiese así usarla como parte del ritual para convertirse en dios. También engatusó a Mohg y no tuvo reparos en entregarle su sangre para que la Diosa de las Heridas lo convirtiese en su emisario y lo ayudara a llegar al Reino de las Sombras.

Dejando atrás los muchísimos paralelismos entre Miquella y Griffith, de *Berserk* también procede el interés por la figura del huevo, las manos, los dedos y la transformación de alguien común en un ser superior, dejando atrás toda humanidad.

*Berserk* se compone de varios arcos argumentales. El más celebrado es el de la Edad Dorada. Cubre la infancia de Guts, explica cómo conoció a Griffith, cómo se unió a su ejército, a la Banda del Halcón, y por qué sus caminos se separaron.

La ambición de Griffith siempre fue fundar su propia nación, crear su ejército y amasar poder. Atraído por ese afán, a sus manos llegó un pequeño huevo llamado Beherit (nótese el parecido de este nombre con Belurat), el cual se colgó al cuello para que siempre fuera a su lado. No obstante, los nobles frustran los planes del guerrero, le arrancan la cara, le destrozan los músculos y le quitan todo menos la vida. Guts, junto con Casca, lo rescata y, entonces, el Beherit se activa. El huevo grita y transporta a Griffigt, a Guts, a Casca y a toda la Banda del Halcón a una dimensión demoniaca apocalíptica. Se produce un eclipse y, ante ellos, aparece una gigantesca mano de cinco dedos, la temible Mano de Dios. Sobre las yemas de cuatro de esos dedos aparece un demonio. Falta uno, el quinto.

Griffith sacrifica a todos sus antiguos amigos a estos demonios, como Miquella se sacrificó a sí mismo, así como a Radahn y a Mohg, a costa de ascender. Sobre un montón de cadáveres a modo de tributo, Grifith se transformó en Femto y ocupó su lugar con sus nuevos compañeros demoniacos.

Para diseñar tanto esta gigantesca mano como sus representantes, Kentaro Miura se inspiró en varias novelas de ciencia ficción norteamericanas, pero sobre todo en la película británica *Hellraiser*. En ella, aparecen unos personajes conocidos como *cenobitas* que no dejan de ser un trasunto de estos cinco demonios.

La transformación de Miquella en dios ocurre de un modo similar. El empíreo camina hacia la Puerta de la Divinidad, que tiene una forma similar a la de dos dedos de una mano. Esta está hecha de cadáveres, igual que el suelo de alrededor. Y, para llegar a este momento, usa un huevo. En el caso de *Berserk*, este huevo es el Beherit. En *Shadow of the Erdtree*, el capullo en el que se envuelve para convertirse en emisario de la Madre Informe.

Cuando Griffith sale de la Puerta de la Divinidad convertido en dios, se agarra al cuello de su consorte, Radahn. Levanta los brazos hacia arriba y Radahn muestra sus espadas acercándolas a su cintura. La silueta de sus cuerpos recuerda a una runa, a dos rombos unidos por las puntas, muy parecida a la marca del sacrificio que Guts lleva en su cuello, pues Miquella se ha sacrificado.

Más adelante en el manga, Guts encuentra una armadura negra con aspecto de lobo furioso que le da más poder a cambio de entregarle su razón. Para arrancar al guerrero de la influencia de la armadura, la maga Schierke debe transportarse en forma incorpórea a su lado, colgarse de su cuello y hablarle. Esta escena es idéntica a la manera en la que Miquella se agarra a Radahn.

Y hay más ideas que llegaron a *Elden Ring* a través de *Berserk*, las cuales FromSoftware desarrolló y adoptó a su manera. Como hemos señalado, la Torre de Babel es un elemento común en JRPG de los noventa y en varios manga de la época, pero también aparece en *Berserk*. Aquí no se llama de esa forma, sino Torre de la

Condena o San Albión. Es inmensa y su diseño recuerda al mítico cuadro *La Torre de Babel*, de Brueghel.

Lo interesante es que, cuando se derrumba durante la saga de la Condena, en su parte superior, sus ruinas forman la Mano de Dios. En *Shadow of the Erdtree*, ocurre lo mismo. Belurat es la Torre de la Condena, o de Babel, y arriba de todo está la Puerta de la Divinidad, o Mano de Dios. Uno de los demonios que ocupan uno de los dedos de la Mano de Dios, el único femenino, es conocido como Slan. Como la Madre Informe, ella también encuentra poder en las heridas; es una sadomasoquista que disfruta provocando dolor.

En el arco argumental de la Torre de la Condena, Guts se enfrenta a la Santa Sede, un grupo religioso que recuerda a la Inquisición española y la Iglesia católica medieval. Pero la Santa Sede no adora una cruz en la que Jesucristo aparece sacrificado. Su símbolo es un halcón con las alas extendidas con una espiral compuesta por dos figuras serpentinas que emergen desde sus pies.

La silueta de este halcón es similar a la de Márika con sus brazos abiertos hacia arriba. La espiral recuerda a las serpientes, así como a las espirales que vemos en las esculturas de Enir-Ilim. Es decir, *Berserk* es una de las fuerzas principales que inspiran a FromSoftware a introducir ideas de diferentes culturas y religiones a su juego para mezclar e interpretar a voluntad. Por eso, para entender *Elden Ring: Shadow of the Erdtree*, *Demon's Souls*, la trilogía de *Dark Souls* y hasta *Bloodborne* o *Sekiro* hay que leer *Berserk*.

Y, esperando que ya lo hayas hecho, y ahora que ya entendemos el simbolismo tras los elementos de *lore* de *Shadow of the Erdtree*, es el momento de contar una trágica historia.

# II

# UNA HISTORIA DE *SHADOW OF THE ERDTREE*

La historia que está a punto de ser narrada ocurre de forma paralela a la de *Los secretos de las Tierras Intermedias*. Por ello, es recomendable tener ambos libros cerca e ir leyéndolos a la par para que todos los misterios sean desvelados definitivamente. Por supuesto, también se puede leer primero uno y luego el otro. Esto es lo bueno de las aventuras, que cada uno las puede vivir a su manera.

# LA ERA DE LOS DRAGONES

Un meteorito llegó desde el espacio, atravesó la atmósfera y se estrelló en Rauh, una remota región del Reino de las Sombras. No era una roca espacial cualquiera, sino un gigantesco huevo que contenía a un poderoso ser divino en su interior.

Como una semilla que se planta en la tierra, el huevo se hundió y siguió haciéndolo hasta encontrar un lugar lo suficientemente húmedo y oscuro para eclosionar. Cuando lo halló, su cascarón de piedra grisácea se abrió y liberó a una criatura extraña. Era una gran mano con voluntad propia y mucho poder en cada una de sus líneas dactilares. En el futuro, se conocería como el Grandísimo, pues, para una nueva generación de seres vivos, él sería el primero de los dioses, el más poderoso y grande. Sus dedos, gigantescos y oscuros, eran los de un hábil artesano. Con ellos, dio forma al crisol de la vida, que tenía forma de nido, o quizá de tarro.

La vasija resultaba tan cálida que toda la vida posible acordó reunirse en su interior y fundirse en una sola entidad. Así se creó lo único, lo unitario, una sola cosa viva con tanta energía como el propio Grandísimo en la que convivirían todas las formas, las alas, las enfermedades y la salud, los aguijones, los colmillos y los cuernos, los árboles, las flores, el amor y el odio. Y de lo único, como si de una semilla líquida se tratase, nació un precioso árbol de savia ámbar que limpió el aire de toda impureza.

Llegaron por el mar desde Eochaid[24] atraídos por el árbol del Grandísimo.[25] Lo hicieron discretamente, conducidos por hábiles marineros hasta tierra en pequeños barcos de madera.[26] Eran ascetas. Se dedicaban a estudiar la vida y la muerte, la realidad y los sueños, los dioses y los demonios. Nadie sabía dónde habían estado

24. Escudo grande de zarza: «Escudo grande procedente de tierras foráneas usado por Elemer de la Zarza. Los ataques ejecutados con este objeto aprovechan las espinas de hierro enrolladas alrededor de su armazón. Es originario de Eochaid, tierra de ascetas orgullosamente solitarios».
25. Página 50 de *Los secretos de las Tierras Intermedias*.
26. Encontramos una representación de estos barcos en Enir-Ilim.

antes de llegar a Eochaid ni tampoco cuáles eran sus verdaderas intenciones. Ellos solo miraban y meditaban.

Tras atracar, erigieron su asentamiento cerca del árbol creado por el Grandísimo; no inmediatamente en su falda, sino a pocos kilómetros, protegidos por las montañas y el terreno. Vestían de amarillo, el que para ellos era el color de la iluminación y de la arena, pues arena era lo que quedaba cuando el tiempo había terminado de erosionarlo todo. Se los conocía como monumentales.[27]

Los monumentales no estaban solos en su nuevo hogar, sino que algunos de los marinos que los llevaron hasta él se quedaron a su lado para informar a Eochaid de sus progresos. Sin juzgar, sin opinar, sin emitir ningún veredicto, los monumentales se dedicaron a observar todo lo que ocurría en las Tierras Intermedias desde su hogar en el Reino de las Sombras. Algunos creían que deseaban proteger el equilibrio de la existencia, otros que planeaban destruirlo, pero lo cierto es que no parecían capaces de ninguna de las dos cosas. Los monumentales apenas respiraban. Se movían y respiraban lo justo, como si ahorrar esfuerzos les fuera a garantizar más tiempo de vida.

Desde su refugio, presenciaron cómo la Voluntad Dorada aterrizaba en forma de estrella en el árbol del Grandísimo y lo poseía, lo cubría de oro y lo transformaba en lo que sería el Árbol Áureo en el futuro. Su veneno agrietó el crisol, liberando su líquido primigenio al mundo. En una gota, había cuernos y colas; en otra, ojos y piernas; en otra, flores, etc. Y de esa filtración nacieron los primeros seres vivos: los duendes, los dragones y los gigantes. Eran poderosos, pues había mucho del crisol original en ellos, pero no eran puros ni únicos. Todo tenía varias caras, distintas partes y naturalezas contrapuestas. Preponderaba el imperioso deseo natural de volver a ser uno, pues era en lo unitario donde había verdadero poder.

Incluso el Árbol Áureo mostraba más de una cara. Los monumentales disfrutaban contemplando su lado más sombrío, su parte más umbría, mientras continuaba infectando poco a poco a su anfitrión. Pero, para que el Árbol Áureo alcanzase todo su

27. No se les atribuye ningún nombre a estos personajes en *Elden Ring*, así que les otorgamos el de *Demon's Souls*.

esplendor y fuera conocido por tal nombre, aún faltaba tiempo y que el Círculo de Elden fuese creado. A los monumentales no les importaba esperar.

Las aspiraciones de los seres compuestos por varias partes del crisol eran volver a ser uno, y eso significaba la guerra, pues en esta los cuerpos se hieren y se unen en la muerte. Los monumentales contemplaron la primera gran batalla de este nuevo orden, la que mantuvieron durante años los dragones y los gigantes. Los grandes reptiles alados cayeron derrotados y huyeron a un lugar más seguro. Por su parte, los pacíficos duendes prefirieron refugiarse en Rauh, cerca de los restos de crisol de la vida, para disfrutar de su calor.

Mientras escapaban surcando los cielos y tambaleándose en el aire agitando sus alas heridas, los dragones dejaron caer muchas de las escamas de piedra que protegían su carne. Cuando estas alcanzaron la tierra, los monumentales las encontraron con regocijo y, al descubrir que el mineral tenía poder sobre el tiempo, decidieron estudiarlas.[28]

No tardaron en averiguar la razón de aquel don. La roca es aquello en lo que se convierte un ser vivo cuando lo que hay en él del crisol muere, y por eso esta es eterna,[29] pues se acaba convirtiendo en arena, se mezcla entre sí y se transforma en una de nuevo de forma natural. Observándolas, comprendieron cuál era el secreto de la fuerza del crisol de la vida, llegaron a entender la magia que existía en la unidad y que, a través de lo unitario, se podía obtener un poder inmenso.

El tiempo pasó y se produjeron nuevos nacimientos, de seres menos puros que los dragones y los gigantes, compuestos por muchas más partes diferenciadas que se arremolinaron hasta formarlos: las bestias y los seres humanos.

La Voluntad Dorada iba ganando poder a medida que bebía de su huésped. Los monumentales aprendieron de ella y crearon un encantamiento que servía para extraer el poder del crisol en forma

28. Son las tablas que nos encontramos en el Almacén de Especímenes.
29. Este conocimiento les serviría para elevar Enir-Ilim y es el motivo por el que las chamanas muertas se transforman en piedra. A los cuernos cercenados en el Almacén de Especímenes les ha ocurrido lo mismo. Primero, son vida; luego, roca, y, después, vuelven a lo unitario transformados en arena, sobre la que reposan los monumentales.

de espiral.[30] Desde la distancia, su hechizo parecía un cuerno de luz que se retorcía hasta pinchar las nubes.

La espiral atrajo la atención de los primeros hombres y mujeres que habían nacido en el Reino de las Sombras. Necesitaban protección, calor y guía, y encontraron todo eso en los monumentales. Aprendieron de ellos por imitación, vistieron de amarillo y se iniciaron en el ascetismo a su lado. No tenían mucha opción: o les demostraban a los monumentales que les eran fieles para que les permitieran vivir bajo su protección o acababan convertidos en víctimas de las bestias, los monstruos y las criaturas sedientas de sangre que el crisol había liberado. Y ese no era el mayor de sus problemas, pues la Diosa Escarlata acababa de aterrizar en su mundo.

Una espadachina ciega que vestía de azul se enfrentó a ella. Más que combatir, parecía danzar mientras hacía girar su espada. Incapaz de matarla,[31] encerró a su encarnación, a la putrefacción roja, en el corazón del mundo. El destierro era la única manera eficaz de hacer desaparecer aquello que no se puede matar. La Diosa Escarlata, que se negó a rendirse, filtró su veneno rojo hasta que llegó al Reino de las Sombras.[32] El suelo bebió de él y nacieron los primeros capullos de aeonia en la región. Eran encarnados, fragantes, grandes como un adulto humano, gruesos y hermosos. La putrefacción siguió viajando y llegó hasta Rauh.

De entre todos los extraños nacimientos surgidos en las Tierras Intermedias, hubo uno particular. Una gota del crisol de la vida se mezcló con la putrefacción roja, dando como resultado una gran hormiga reina y hermafrodita. A su vez, tuvo una gran camada de huevos, siendo ella madre y padre de todos. Y les dejó en herencia el veneno de la Diosa Escarlata que le recorría las venas. A través de los ríos subterráneos que recorrían las profundidades de

30. Espiral: «Hechicería superior de los sacerdotes de la torre, la cual se usa como encantamiento de la espiral. Junta los dos brazos y los alza hacia los cielos para invocar una espiral de luz que explota a los pies del enemigo. La columna de luz persistirá mientras sigas pulsando. La espiral es una corriente de crisol normalizada. Un día, formará una columna que llegará hasta los dioses».

31. Página 57 de *Los secretos de las Tierras Intermedias*.

32. Exaltación de ancestro de la putrefacción: «Pudríos por la Diosa Escarlata. Oh, flores escarlata, brotad en tierras lejanas y regresad con nosotros, los hijos no deseados».

las Tierras Intermedias, estos huevos viajaron por todo el mundo: algunos llegaron al Reino de las Sombras y otros se quedaron en las raíces del Árbol Áureo.

De los huevos no nacieron hormigas, sino númenes femeninas hijas de la misma matriarca.[33] Todas ellas eran muy parecidas en rostro y constitución, pues eran hermanas. Su pelo era rubio; su tez, blanca, y sus ojos, de una profundidad divina. Allí donde los cascarones eclosionaron, fundaron su hogar. Con el tiempo, sería conocido como Aldea del Chamán.

Contar en su ADN con la presencia de la Diosa Escarlata las hizo especiales, las volvió médiums, puentes entre los humanos y los dioses. Esa bendición acabaría convirtiéndose en su maldición, pues si algún humano desease contactar con un dios podría usar su carne para lograrlo. La matriarca lo sabía, así que decidió no hablarles de sus poderes por su bien. Así, las númenes vivían felices en su aldea. Se dedicaban a danzar, cultivar flores y adorar a la naturaleza mientras su madre las cuidaba con amor y las instruía, por lo que disfrutaban de un estilo de vida tranquilo y pacífico.

Por su parte, los que se quedaron con los monumentales adoptaron el ascetismo.[34] Aprendieron a meditar, a llevar una vida austera y a controlar sus impulsos y apetitos para alcanzar la misma iluminación de la que parecían disfrutar sus maestros. Y entonces ocurrió. La iluminación llegó, pero de una forma extraña. Primero, fue en una bestia herbívora;[35] luego, en una carnívora, y, finalmente, en uno de los aprendices de los monumentales. A todos ellos les brotó un cuerno, uno incipiente y bulboso que emergió de repente de su cabeza.

Esto fue considerado una señal, como la voz del crisol de la vida y del emergente Árbol Áureo proclamándolos el pueblo elegido. De un día para otro, todo el miedo que habían sentido al deambular

33. Página 60 de *Los secretos de las Tierras Intermedias*.

34. Atuendo de asceta: «Atuendo de los ascetas de la torre, que personifica su compromiso de llevar una vida austera y de estricto autocontrol. Con el fin de ascender de su carne mortal hacia las deidades tutelares de la zona, elevaron su espiritualidad mediante un severo entrenamiento asceta».

35. Cuerno Incipiente: «Se encuentra cazando bestias herbívoras. Este cuerno empezó a brotar en una bestia que, normalmente, no tiene cuernos. Puede que sea un vestigio del crisol primigenio».

Cuando pusieron pie en la costa, descubrieron que su llegada había sido incluso más problemática de lo que pensaban, pues muchos de los cuerpos que transportaban habían salido disparados desde sus embarcaciones hasta tierra firme. El suelo se cubrió de malolientes tripas, miembros separados de sus articulaciones y cráneos partidos a la mitad. Se oyó un graznido: el olor a muerte atrajo a las gigantescas aves de la muerte,[38] que acudieron desde los cielos en busca de cadáveres con los que alimentar su querida llama espectral.

Eochaid combatió empleando sus gruesos escudos y sus grandes espadas, pero no servían de mucho contra unas criaturas tan ágiles capaces de volar. Solo les quedó huir intentando llevarse consigo el mayor número de cuerpos posible.

Las aves no los persiguieron en retirada, pues se sintieron satisfechas con el botín que dejaron. Construyeron un gran cementerio al lado de los barcos y graznaron satisfechas. Gracias a los hombres de Eochaid, la llama espectral seguiría encendida muchos años más.

Desde una loma lejana, el hechicero cariano Ymir observaba el resultado del combate con interés. Cuando las aves se retiraron, él también aprovechó para regresar a Raya Lucaria, su hogar.

La llegada de los artesanos de Eochaid fue muy bien recibida. Mientras los ascetas procedían a experimentar con la nueva remesa de muertos recién llegada, ellos iniciaron la construcción de la ciudad que serviría para proporcionarles un techo: la torre de Belurat con Enir-Ilim en lo alto. Tendría tanta altura que sería capaz de llegar al hogar de los dioses y era tan brillante como el oro que devoraba la corteza del Árbol Áureo.

Mientras preparaban la cimentación, a uno de los constructores de Eochaid también le brotaron cuernos.[39] Los ascetas cada vez tenían más claro que el Grandísimo y la Voluntad Dorada

38. Punzadora letal: «La vara punzante que usan las aves de la muerte. Estas aves son las guardianas de los fuegos del cementerio. Se dice que atizan los restos cenicientos de los muertos en sus crematorios».
39. Características del Crisol: Cuernos. «Se trata de una manifestación de las energías vitales primarias del Árbol Áureo, un aspecto del crisol primordial, donde hubo un tiempo en que toda forma de vida era una sola».

celebraban que quisieran convertirse en dioses y reunirse con ellos, porque eran la raza elegida.

Se cogió la piedra de los alrededores para preparar las estructuras, pero no tardaron en quedarse sin ella. Por fortuna, las estatuas en las que acababan convirtiéndose los cuerpos demostraron ser útiles como material de construcción. Es más, resultaban ideales, pues podían soportar una gran carga estructural sobre sus hombros. Como la espiral encantada, tendían a ir hacia arriba.

Nada de esto satisfacía a los ascetas. Sabían que necesitaban algo para alcanzar sus fines, pero no sabían qué. ¿Qué le faltaba a su ritual para alcanzar el poder que perseguían?

Al cabo de pocos meses, los artesanos tuvieron que salir de Belurat en busca de más materiales. En uno de sus viajes, hicieron un descubrimiento sorprendente. Hallaron bajo tierra forjas que parecían haber sido construidas hacía muchísimo tiempo. Llevaban años abandonadas, por lo que se habían llenado de pequeñas bestias, monstruos inferiores y hormigas rojas gigantes que las escogieron como su hogar. Expulsaron a todas estas criaturas a golpes, pero la mayoría de ellas no se marcharon muy lejos. Las hormigas rojas sabían que, tarde o temprano, podrían volver a reclamar la que había sido su morada.

Sin preocuparse por esto, los forjadores se adentraron en las profundidades de las forjas. En una de ellas, hallaron el Espadón de Meteorito Ancestral,[40] de un extraordinario material que parecía hecho por los mismísimos dioses. También encontraron un misterioso talismán,[41] aunque más bien se trataba de los planos para forjar un martillo. Tenía unas inscripciones en una lengua que no habían visto nunca. Cuando las descifraron, tuvieron una revelación. Comprendieron que, en esencia, forjar una espada era lo mismo que forjar a un dios, a un ser con un alma todopoderosa. Había que unir distintos metales entre sí y darles calor. Los materiales eran los cadáveres y el calor era la espiral normalizada.

Sin embargo, para hacer una buena espada, era necesario contar con una forja para dar forma al filo y con un herrero fuerte y con la maña suficiente para aplanar el metal; es decir, alguien capaz de tender un puente entre el fuego, el acero y el arma. Los experimentos en Belurat carecían tanto de esa forja como de ese herrero, por eso no estaban dando resultados.

Unos cuantos regresaron a la torre para transmitirles a los cornamentados lo que habían aprendido, pero otros prefirieron quedarse y reanimar las llamas de los hornos subterráneos. Siguiendo el patrón del talismán, lograron forjar el martillo que aparecía representado en él. Poseía un gran poder, así que decidieron trabajar

40. Espadón de meteorito ancestral: «Uno de los tesoros de las forjas en ruinas. Espadón de mineral de meteorito ancestral que remata en una punta afilada. Creada a partir de un fragmento de punta de flecha que formó parte del arsenal de los antiguos dioses en el pasado. Es un arma perforante que brilla en las embestidas».

41. Talisman de forja: «Talismán que representa un antiguo martillo de herrero. Grabado con una letra herrérica. Mejora los ataques de lanzamiento de arma. En la antigüedad, la herrería era un acto divino y los herreros interpretaban el guion que percibían en las asperezas del acero fundido para imbuir las armas de alma».

con él. Con golpes, calor y acero, crearon un arma letal, el Chakram circular afilado.[42]

En Belurat, la frustración provocada por no haber obtenido todavía resultados hizo que algunos ascetas pensaran que debían haberse asentado en Rauh.[43] Si lo que querían era profundizar en el conocimiento del crisol de la vida, deberían haberse instalado allí donde reposaban sus restos.

42. Chakram de letra herrérica: «Hoja de revés circular con un grabado de letra herrérica. Un arma arrojadiza creada por las artes de herrería. Ejecuta un ataque fuerte para lanzar la hoja de revés en una trayectoria curva».
43. Casco de martillo de crisol: «Casco que usaba Devonia, quien más sirvió a los Caballeros del Crisol. Posee el poder del crisol de la vida, la forma primordial del Árbol Áureo. Fortalece los encantamientos de Características del Crisol. Se dice que Devonia viajó en busca del origen del crisol y partió en soledad de las tierras del Árbol Áureo».

En la actualidad, Rauh estaba plagada de duendes,[44] unas criaturas ya olvidadas que solo habitaban en lugares de gran espiritualidad.[45] Por desgracia, estaban condenadas a desaparecer como consecuencia de la fractura del crisol y de su fusión con el oro de la Voluntad Dorada, pero todavía resistían algunos de ellos cobijados en sus nidos.

Los duendes tenían muchas formas y establecían vínculos con los humanos con los que convivían en Rauh,[46] quienes los cuidaban y mimaban. La unión con estos seres los ayudaba a sentir con fuerza al agonizante crisol de la vida original.

Uno de los habitantes de Rauh respondía al nombre de Hoarah Loux.[47] Junto con sus paisanos, se dedicaba a recolectar la savia del Árbol Áureo, pues sabía que el poder del crisol se ocultaba tras el oro.[48] Hoarah Loux sabía que el crisol se resistía a morir pese a sus fracturas porque seguía manifestándose. Lo hacía en forma de pequeños árboles retorcidos que brotaban del suelo en lugares elegidos. Su favorito era uno en particular desde el que tenía la mejor vista del Reino de las Sombras…, así como de las abominaciones que estaban ocurriendo en Belurat, pues sus ramas se extendían hasta casi tocar sus ya altas murallas. El aroma que desprendía la corteza de su tronco ayudaba a aliviar la peste a cadáveres que llegaba desde allí.

Hoarah Loux adoraba su aldea y era un fiero guerrero. Sería capaz de aniquilar a todo un ejército por proteger lo que amaba. Ese amor puro y absoluto hacia Rauh era su vínculo con su duende.

44. Piedra de duende de fuego: «Nido de Rauh habitado por un duende ígneo. Objeto que puede crearse. Consume PC para liberar a un duende de fuego que rebota por el suelo. El duende atraviesa a los enemigos, infligiendo daño de fuego. De todos los duendes, se dice que los de fuego son los más bulliciosos por naturaleza».

45. Cálculo de espíritu: «Un cálculo muy raro de encontrar, bañado en espiritualidad. Material usado para crear objetos. Se obtiene al cazar bestias astadas en las antiguas ruinas de Rauh. Posee un olor acre muy marcado, y hay quien asegura que esto indica que posee gran potencia espiritual».

46. Piedra vinculante: «Gran piedra de nido con una gema totalmente blanca, la forma pulida de un tipo especial de cristal. Instrumento ritual para controlar las explosiones de poder espiritual. Se usa para causar una explosión espiritual, consumiendo al duende que habita en la piedra. Los vínculos con los duendes se hicieron para romperse».

47. Por eso, Devonia supo llegar a Rauh. Ella era la que más sirvió a los Caballeros del Crisol, así que tuvo que tener un contacto especialmente estrecho con Godfrey.

48. Medallón de ámbar cerúleo: «La vieja savia del Árbol Áureo se convierte en ámbar, considerado como la más preciada de las joyas en la era de Godfrey, primer Señor del Círculo. En su interior reside una energía vital primigenia».

Durante un amanecer más frío de lo habitual, Hoarah Loux acudió al abrigo de su árbol favorito. En Belurat, habían empezado a construir Enir-Ilim usando las estatuas ingrávidas de piedra. Apretó los dientes, pues sabía que la guerra contra ellos no tardaría en estallar.

Mucho más lejos, en la Aldea del Chamán, la matriarca compartía la inquietud del guerrero. Los cornamentados habían logrado extraer cierta magia al emular el crisol acumulando cuerpos contra otros cuerpos, pero no tardarían en descubrir que necesitaban unos especiales para lograr sus fines, los de sus hijas.

Por su sangre, corría la magia de los dioses exteriores. Ellas, y no otro ser en este mundo, eran ese herrero con el que habían teorizado los artesanos de Eochaid en las forjas.

La matriarca le tenía especial cariño a una de sus hijas, Márika. Era cariñosa y buena, pero también demasiado intrépida para su propia seguridad. A Márika le encantaba sentarse al lado de su madre, refugiadas las dos en el interior del tronco hueco de uno de los árboles de su aldea. Ella recibía siempre a su hija con los brazos extendidos cuando la buscaba, y a Márika le encantaba fundirse en su abrazo. Tras separase, la matriarca acostumbraba a acariciarle el cabello y a peinárselo con las manos hasta formar una larga trenza.

En su regazo, Márika le preguntaba qué había más allá de su aldea natal, pero la matriarca se limitaba a recordarle sus tareas y a intentar frenar sus ansias de libertad con pequeños encargos y evasivas. Temía que Márika saliese del pueblo, que los cornamentados la encontrasen y la matasen, o algo mucho peor.

Por fortuna, la luna la ayudó a distraerla y a cortar en seco su habitual interrogatorio. Las dos observaron al pálido satélite con atención, pues la luna estaba llena, era enorme y estaba preciosa. La matriarca, cuyo ojo era más experto que el de su hija, la ayudó a comprender que no se trataba de una única luna, sino de dos, tan próximas y acurrucada la una a la otra que parecían una sola.[49]

La matriarca se entristeció. Comprendió que la dualidad, consecuencia de la inevitable y definitiva muerte del crisol de la vida, había llegado ya hasta las estrellas.

No solo las dos númenes miraban el cielo con deleite aquella noche, también dos princesas hermanas lo hacían en las Tierras Intermedias[50] desde la terraza de su castillo: Rennala[51] y Rellana.

Ninguna de las cuatro podría saberlo entonces, pero el destino de todas ellas sería tan trágico como el de la luna cuando llega el amanecer.

49. Lunas gemelas de Rellana: «En su infancia, ella y su hermana mayor Rennala conocieron estas lunas acurrucadas la una junto a la otra».
50. Luna llena de Rennala: «La reina Rennala descubrió esta cautivadora luna cuando era joven y, más tarde, acabó hechizando toda la Academia».
51. Página 65 de *Los secretos de las Tierras Intermedias.*

# LAS DOS HERMANAS

Viajero, la historia se encargó de eliminar de sus páginas el nombre de Rellana, pero ella existió. Mientras la Voluntad Dorada buscaba a alguien que hablara por él entre los habitantes en las Tierras Intermedias, los carianos se habían dedicado a aprender magia de los cristalianos,[52] a practicarla, a convertirla en palabras y libros y a transmitirla de generación en generación en la Academia de Raya Lucaria. Gracias a su empeño y constancia, el poder de los carianos crecía día tras día, tal y como hacía el de los cornamentados en el Reino de las Sombras.

Por ser los cristalianos sus maestros, los hechizos carianos provenían del poder de las estrellas refulgentes. Como agradecimiento, los magos de Caria las adoraban. Pero, un día, algo cambió. Las princesas de la familia real cariana miraron a las lunas gemelas y comprendieron que en el satélite había mucho más poder[53] que en las titilantes estrellas.

La noche en el que ambas se encontraron con sus lunas fue el mismo día en el que formalizaron el pacto real cariano. Desde ese momento, ambas se convirtieron en custodias del reino cariano y en sus legítimas herederas. Así, Rellana y Rennala se convirtieron en una amenaza para los magos que habían obtenido poder a través de las enseñanzas de los cristalianos. Si la visión de las hermanas era cierta, sus estrellas no podrían competir contra sus lunas.

En consecuencia, los magos comenzaron a conspirar contra las jóvenes. Hicieron correr el rumor de que seguir el camino de la luna era un acto blasfemo y equivocado. Debido a esto, muchos en la Academia rechazaron la visión de las hermanas, pero Ymir sí las escuchó.

Ymir era un mago famoso por sus excentricidades. Le importaba bien poco seguir las normas y las convenciones. Algunos

52. Página 64 de *Los secretos de las Tierras Intermedias.*
53. A nadie se le escapa que esta es una referencia a *Bloodborne* y a Presencia Lunar. Los Grandes de *Bloodborne* son similares a los dioses exteriores, por no decir que son la misma clase de entes.

afirmaban haberlo visto salir de la Academia y viajar hasta lugares prohibidos del mundo, pero nadie sabía si esto era cierto o no, porque de Ymir podías esperarte cualquier cosa.

Para él, la magia era una expresión del amor.[54] Unos seguían el camino de las estrellas, otros el de la luna, pero él miraba al cielo y solo veía amantes estelares y cósmicos, y en su opinión de su cariño provenía la magia. Nadie compartía su visión, pero él estaba seguro de que el polvo estelar, los satélites y las constelaciones no eran más que expresiones de unas criaturas sublimes[55] y más elevadas que los humanos o los cristalianos. Y lo que más deseaba Ymir era sentir la magia más poderosa de todas las que proceden del amor espacial en su cuerpo: quería ser la madre del hijo de una de estas criaturas sublimes.

Ymir no solo era mago, también era un destacado científico y astrólogo, pero no un maestro demasiado bueno. Pese a ello, decidió que haría de una de las dos hermanas su discípula. Quería que una de las princesas compartiera con él lo que había visto en las lunas, ya que era posible que eso lo acercara un poco más a sus fines.

Primero, pensó en tomar bajo su ala a Rennala, pues ella parecía la más capaz, la que mostraba una conexión más profunda con la luna, pero su carácter no casaba con el suyo. Era demasiado seria, demasiado formal, demasiado decidida a seguir las normas. Ymir prefirió a Rellana,[56] pues tenían una personalidad similar. Los dos eran versos libres que no encajaban en ningún poema escrito. Ambos buscaban más conocimiento para ser capaces de entenderse a sí mismos, e Ymir sabía que estas eran las pistas que

54. Polvo estelar de los amados: «El conde Ymir era conocido por sus recitaciones. "Basta con imaginar el romance de las estrellas y adorar su polvo para convertirse en un gran hechicero y conocer el amor"».

55. Manual de tejedor de dedos: «Registro sobre las técnicas de creación de un estudiante con mucha determinación de las Ruinas del Dedo. Su obsesión con lo sublime le acabó destrozando la mente, aunque conservó la capacidad necesaria para dejar estas valiosas palabras». Como nota, lo sublime es un valor estético muy presente en *Bloodborne*. Para leer más sobre ello, consulta el libro *El padre de las almas oscuras: Hidetaka Miyazaki a través de su obra*.

56. Sombrero de sumo sacerdote: «Sombrero del conde Ymir, el sumo sacerdote. El diseño circular superior representa la Voluntad Mayor y su abismo de las tinieblas, aumentando la inteligencia y el arcano del portador. Aunque el conde Ymir instruyó a Rellana en las artes mágicas, abandonó su lealtad a la Luna. "Simplemente era el más cercano a los cuerpos celestes. Nada más"».

solían conducir a personas dispuestas a vivir y morir por un trágico romance, imposible y ardiente, pues entregarse al amor es la mejor forma de conocerse a uno mismo.

Rellana aceptó la propuesta de Ymir. A su lado, progresó a muy buen ritmo. Contemplaban la luna hasta altas horas de la madrugada, hasta que los cráteres de su superficie blanca se animaban a susurrarles sus secretos. Rellana no era más que una niña y necesitaba la atención que Ymir le prestaba.

Sin embargo, cuando Rellana estaba sola, e Ymir no miraba, la princesa tomaba la espada y entrenaba con ella hasta provocarse callos en los dedos y caer rendida. Al otro lado de su filo, se encontraban todos los enemigos de su hermana. Sabía que Rennala no sobreviviría sola, que alguien la engañaría y eso sería su fin. Fortalecía sus músculos por ella, porque algún día debería protegerla.

Una mañana como otra cualquiera, Rellana regresó a los aposentos de Ymir para proseguir con su formación. Sin embargo, ese día no aprenderían ningún hechizo. Ymir estaba nervioso, feliz, extasiado y aterrado, todo a la vez. Señaló a lo lejos, al centro del continente, y le dijo a su discípula que ya estaban allí, que las criaturas celestiales habían regresado a su mundo, como ya habían hecho hacía tantísimo tiempo.

Acompañado por Rellana, Ymir se adentró en el Reino de las Sombras. Tras un largo viaje, llegaron a donde el hechicero deseaba llegar: un sitio sombrío y gris envuelto en un ambiente ominoso. Al descender por una ladera de arena oscura, la princesa entendió que se encontraban en el interior de un cráter. Le costaba mucho esfuerzo respirar y no era capaz de dilucidar qué eran las rocas puntiagudas que brotaban del suelo y alcanzaban varios metros de altura.

Rellana se fijó en el suelo: estaba repleto de surcos, como si alguien se hubiera dedicado a pintar carriles concéntricos con la punta de su lanza. Reconoció aquellos dibujos, eran huellas dactilares, y entonces entendió lo que eran las protuberancias: gigantescos dedos de piedra.

La princesa los tocó con la mano: eran de piedra y no se movían. Rezumaban cierta divinidad, una magia especial; pero parecía agotada, como si hubiera sido cedida a algún propósito que Rellana no alcanzaba a entender. Al dar un paso atrás para alcanzar a ver la cúspide, oyó un crujido bajo su bota. Era el cascarón de un huevo de roca, el hijo de ese inmenso dedo. A él le había entregado su fuerza.

Eclosionó y, de él, salió corriendo nerviosa una mano que se escabulló por entre las piernas de ambos. Ymir se agachó con un movimiento rápido y la tomó entre sus brazos con ternura. La besó como si fuera un bebé y comenzó a reírse a carcajadas. Miró a Rellana y le explicó a su alumna lo que acababa de presenciar. Le reveló que los dioses exteriores solo eran capaces de tener hijos de este modo, mediante huevos, sin que interviniese el amor ni tuvieran pareja. Eso los entristecía, pues les hacía creer que solo ellos podían quererse a sí mismos. Esa era la razón de que tantos dioses acudieran a las Tierras Intermedias en busca de humanos: los envidiaban, pues deseaban obtener un poder común para los hombres, pero imposibles para la Voluntad Mayor y la Diosa Escarlata: el amor.

Sin soltar la monstruosa mano grisácea que mecía sobre su brazo izquierdo, Ymir apuntó con el dedo hacia donde se encontraba Belurat y siguió hablando. Le explicó a la incrédula Rellana que los dioses les habían tendido una trampa a los cornamentados. Les habían hecho creer que les cederían su poder bajo unas determinadas condiciones, pero lo que querían en realidad era averiguar si alguien nacido de sí mismo era capaz de amar y convertirse en dios.

Por ello, para que el ritual tuviese éxito, no hacían falta todos esos cuerpos llegados de Eochaid, sino un empíreo —es decir, alguien nacido de un solo cuerpo—, su amante y un espíritu a modo de puente hacia lo espiritual. Ymir se rio aún más al recordar que esto jamás lo averiguarían los cornamentados, pues la soberbia no entiende de amor.

Rellana le preguntó a Ymir qué conseguirían los dioses con ello, pues no acababa de entenderlo. Su maestro dejó de reírse, ya que para él era obvio. Los dioses querían que los cornamentados creasen a alguien que pudiesen amar, ni más ni menos.

El hechicero tenía claro que los cornamentados fracasarían, pero que él sí lo lograría. Usando una de estas manos nacidas de un huevo, de un solo padre y madre, y siendo él una madre que la amaría, se uniría a una criatura celestial para engendrar a un dios y ascender al cosmos.

Rellana quiso saber por qué estos seres tenían forma de mano. Él le respondió que era sencillo, por la envidia que estas criaturas sentían de lo humano. Eran manos por pura imitación de nuestro cuerpo, ya que la caricia es el gesto de cariño más primitivo.[57] ¿Qué es lo primero que desea hacer una madre al ver a su hijo recién nacido? Tocarlo.

Ymir respiró hondo y se limpió el polvo de la túnica. Tras ello, adoptó un gesto serio, poco común en él, y le anunció a Rellana que su entrenamiento había concluido. Él ya no volvería jamás a Raya Lucaria, dado que no le tenía ningún aprecio ni a la luna ni a sus

57. En la obra de Hidetaka Miyazaki, el amor es una caricia. Esto es una herencia de *Ico*, en el que el amor se expresa tomando la mano de otra persona para guiarla más allá de la oscuridad.

necios hechiceros. Se quedaría en esas ruinas y construiría una catedral para esperar la llegada del ser espiritual con el que se uniría para transformarse en dios. El edificio se llamaría Manus Metyr.

Le tendió la mano a su alumna y le pidió que se convirtiera en su espada y lo ayudara en su misión, pero Rellana se negó: no podía dejar sola a su hermana. Ymir lo comprendió. Ambos se despidieron ese día sabiendo que no volverían a verse más.

En su viaje de regreso, Rellana sintió curiosidad y visitó Belurat. Horrorizada, presenció los aberrantes rituales que los sacerdotes de la torre estaban llevando a cabo. Su maestro tenía razón, los cornamentados jamás sabrían lo que significaba el amor. Sin embargo, sus experimentos no eran del todo infructuosos. Los cuerpos que unían rezumaban un tremendo poder, casi divino. Los cornamentados habían empezado a construir dos grandes estructuras verticales paralelas amasando cadáveres; se parecían a los marcos de una puerta y resultaban espeluznantes.

Logró escabullirse sin ser vista y regresar a Raya Lucaria. Fue hasta sus aposentos y se tumbó en su cama para descansar, pero no fue capaz de conciliar el sueño. Rellana se sentía sola sin Ymir, perdida y desamparada. Su hermana mayor había ascendido tanto en el escalafón social de la Academia que apenas encontraba tiempo para hablar con ella. Mirando de refilón su espada, que descansaba sobre la pared en su funda, se preguntó qué importancia tendrían la luna y las estrellas si existía algo superior a ellas y con mucho más poder. Necesitaba hacerse con esa fuerza si algún día se veía obligada a enfrentarse a Belurat por Rennala.

Rellana podría haber aprendido mucha hechicería de Ymir, así como a manejar la espada con soltura, pero era tan inocente e ingenua como las demás niñas de su edad. Sabía que en la Academia conspiraban contra su hermana, pero era incapaz de adivinar el rencor, la envidia y el odio que un adulto puede llegar a albergar en su interior.

Y eso es lo que ocurría en el corazón de los maestros de piedras refulgentes. Cada vez detestaban más a Rennala, la destinada a ocupar el trono. Con su nombramiento, la magia de la luna llena se convertiría en la dominante y ellos, en simples magos de segunda.

Como no podían atacarla directamente, decidieron manipular a Rellana.

En una noche en la que la princesa cariana necesitaba compañía, le confesó a quien no debía lo que había visto en Belurat, a la bruja Sellen,[58] a la que no le costó demasiado sonsacarle toda la información que necesitaba. Maravillada por las posibilidades de lo que los ascetas habían descubierto, no tardó en contárselo todo a los maestros Azur y Lusat.

Creyendo que aquella pista sería la que les traería la salvación, usaron la hechicería de piedras refulgentes para crear su propia espiral y fundir en una misma pelota de piel, carne y cráneos a un buen montón de magos. Obtuvieron poder y nuevos hechizos, pero se convirtieron al instante en objetivo de Rennala y de sus cazadores de brujas. Tanto Azur y Lusat como Sellen tuvieron que huir de la Academia. Fueron descuidados, pero juraron que algún día regresarían y se vengarían.

Avergonzada por haber sido la causa de aquello, Rellana decidió rechazar su puesto como princesa y cualquier opción a ascender al trono.[59] Huyó al Reino de las Sombras, pero no lo hizo sola: decidieron seguirla muchos otros soldados mágicos carianos y hechiceros de piedras refulgentes que se oponían a Rennala y que veían en ella a una guerrera más digna y poderosa. Dejó atrás su tierra entre lágrimas, deseando que a su hermana nunca le ocurriese nada malo sin ella a su lado para protegerla.

Nada más poner un pie en la región, comenzó la construcción del Castillo de Ensis. Mientras los obreros preparaban los planos, la cimentación y levantaban los muros piedra a piedra, Rennala seguía entrenando sin descanso, con un nuevo cometido en mente. Cuando tuviera la fuerza suficiente, cargaría contra Belurat y sus cornamentados para impedir que invadieran las Tierras

58. Página 66 de *Los secretos de las Tierras Intermedias.*
59. Escudo con blasón de lobo: «Un escudo azul de exquisita talla, con un grabado de un lobo bajo la Luna. Ideal para repeler hechicerías. El lobo es la bestia del pacto real cariano; un símbolo del orgullo de la Luna que nadie puede olvidar, sin importar a qué tierras remotas llegue». Rennala oculta este escudo en el Castillo de Ensis, síntoma de que se vio obligada a huir de Raya Lucaria aunque ella no lo desease. Aún añora aquellos tiempos y eso la carcome por dentro.

Intermedias y la Academia y que le cortasen el pescuezo de su hermana. Temía la cólera que se despertaría en los cornamentados cuando descubrieran que estaban destinados a fracasar.

## EL SUSURRO DE LA SERPIENTE

En el futuro, sería conocida como Devoradioses. Era una serpiente gigantesca, sabia y taimada de escamas encarnadas y lengua bífida. La criatura era el contrapunto de los monumentales. Era un ser divino que, en lugar de observar lo existente sin juzgar, prefería provocar el cambio, pero, para lograr sus fines, tenía reglas. La serpiente blasfema solo se permitía tentar a sus víctimas para que fuesen ellas las que hiciesen progresar al mundo. Por eso, si el poder de los monumentales se hallaba en su silencio, el de la serpiente se manifestaba en su convincente elocuencia.[60]

El Devoradioses llegó al Reino de las Sombras atraído por la pecaminosa soberbia de Belurat. Cada día, cientos de personas eran sacrificadas y asesinadas entre sus muros, torturadas solo para satisfacer a los ascetas de la torre. Las vísceras sobrantes, la sangre y los miembros machacados corrían en forma de miasma por el precario alcantarillado de la ciudad.

Como la serpiente, las aves de la muerte observaban a lo lejos lo que ocurría en Belurat, hambrientas y expectantes, relamiéndose al imaginar que toda esa carroña era ya suya.

Los cornamentados sabían que necesitaban protegerse ante tantos enemigos al acecho. Por eso, no se limitaron a dominar la

60. Recuerdo del blasfemo: «Rykard se transformó en una serpiente gigante capaz de devorar a sus presas para seguir creciendo y vivir eternamente "Lo entiendo. El camino de la blasfemia es largo y peligroso, por lo que no es posible recorrerlo si no se está listo para pecar"». Ella fue capaz de convencer a Rykard de ser devorado, no lo devoró en contra de su voluntad.

espiral, sino que siguieron practicando hasta controlar un amplio surtido de encantamientos letales.

Los ascetas que no poseían talentos para la magia eligieron las armas. Un grupo de cornamentados especialmente sanguinarios formaron la orden de los Hojamaldita. Eligieron como arma los afilados Chakram circulares que habían creado los artesanos de Eochaid. Con ellos, aplacaban cualquier sublevación de los reos y alejaban de sus dominios a los pájaros mortuorios. Los Hojamaldita eran tan ágiles que podían saltar por el aire mucho más que cualquier cornamentado convencional.

La serpiente blasfema se maravillaba con la pasividad de los monumentales ante la crueldad de sus discípulos. Mirándolos, se preguntaba quién era el auténtico monstruo, si ella o ellos.[61]

Los hechiceros de piedras refulgentes que habían llegado de Raya Lucaria no tardaron en comenzar a maquinar. No habían viajado hasta allí para proteger a la princesa, sino para obtener el poder que los cornamentados habían despertado. Pero, a diferencia de los ascetas, ellos no contaban con los muertos procedentes de Eochaid, por lo que tendrían que conformarse con los habitantes del Reino de las Sombras que capturaran.

Los hechiceros de piedras refulgentes no querían convertirse en dioses. Ellos deseaban construir armas divinas para regresar a Raya Lucaria, desafiar a Rennala y su luna y hacerse con el control de la Academia. A espaldas de la princesa, más preocupada por fortalecerse ella misma que por vigilarlos, excavaron varias cárceles que cubrieron de hielo mágico, a modo de gigantescas neveras[62] para carne. Ahí dentro, crearían a los santos[63] que lanzarían

61. No olvidemos que hay interpretaciones que llevan a pensar que fueron los monumentales los que participaron en la liberación del Anciano en *Demon's Souls*. Son unos personajes interesantísimos.
62. Tarro agrietado grande: «Este gran tarro vacío se repara por sí mismo cuando se rompe. Receptáculo esencial para crear objetos en tarros agrietados grandes. Los materiales y la magia sellados en su interior desplegarán sus efectos al lanzar el tarro. Los grandes tarrotenientes de la Aldea Bonny los fabrican y almacenan en una prisión gélida».
63. Carne de vísceras: «Pedazos de carne para llenar tinajas. Espíritus rencorosos se aferran a la carne rosácea y contraída. Se lanza a los enemigos para infligir daño. Esto es lo que ocurre con los condenados, quienes son troceados e introducidos en tarros para convertirlos en santos».

contra Raya Lucaria, así como magia que enfrascarían para usar como bombas.

Los magos emplearon sus talentos para crear un tipo muy especial de tarro, uno capaz de agrietarse cuando todo su espacio interior se hubiera llenado, repararse a sí mismo y crecer, una y otra vez. Para cumplir su cometido, el tarro tan solo tendría que alimentarse de la magia[64] que se arremolinaría en sus entrañas a base de carne muerta apretada. Todo estaba listo. Ya solo necesitaban presos que meter en sus tarros.

Los magos podrían ocuparse ellos mismos de capturarlos: coger sus bártulos, viajar por las aldeas del Reino de las Sombras y capturar a unos cuantos incautos, pero eso llamaría la atención de los sacerdotes de la torre, Rennala y los cazadores de brujas que Rellana había mandado contra ellos. Por tanto, debían tener cuidado y no cometer los mismos errores que Lusat, Azur y Sellen.

Así pues, viajaron hasta una de las villas de la región, la Aldea de Bonny, y llegaron a un acuerdo con sus líderes, aprovechándose de que eran pobres y vivían con miedo a los cornamentados. Los habitantes de Bonny se convertirían en aquello mismo que temían, verdugos de sus vecinos, y los proveerían con lo que necesitaban. Aceptaron porque quien se transforma en lobo deja de sentirse un cordero. A cambio, los hechiceros de piedras refulgentes les darían una buena paga y parte del conocimiento que ellos mismos obtendrían con sus experimentos.

A los verdugos de Bonny se los conoció como *tarrotenientes* y se nombró a su capitán como gran tarroteniente supremo.[65] La alianza fue próspera para ambos bandos. Los hechiceros llenaron sus prisiones y los tarrotenientes obtuvieron fortuna y saber. La peor parte se la llevaron los demás habitantes del Reino de las Sombras, que temían dormir y despertarse en el interior de un tarro.

64. Fragmento de tarro viviente: «Estos fragmentos tienen un precio elevado por el poder mágico atrapado en su interior. Por ello, los tarros vivientes son objetivos para los cazadores furtivos».
65. Manual de gran tarroteniente: «Registro sobre las técnicas de creación del gran tarroteniente supremo que recorrió tierra, mar y aire. Atormentado por las grotescas prácticas de su aldea natal, llenó frascos con todo tipo de cosas».

La serpiente seguía de cerca las ejecuciones de la Aldea de Bonny desde lo alto de un risco y disfrutaba con lo que veía. No cabía duda de que tanta crueldad era el presagio de un gran cambio.

No muy lejos de allí, en la Aldea del Chamán, Márika empezaba a estar harta de vivir de una manera tan anodina. Plantar flores y rezar no la satisfacía, así que decidió escaparse y vivir una pequeña aventura. Nunca había salido de su hogar, por lo que no supo a dónde dirigirse una vez dejó atrás el camino de vuelta a casa. Se dejó guiar por su corazón y su parte divina la condujo allí donde habitaban seres primitivos, Rauh, donde se encontró con Hoarah Loux.

Sin mediar palabra, Hoarah Loux tomó la mano de la joven recién llegada. En el momento en el que sus dedos tocaron los de ella, el vínculo que mantenía con su duende se rompió y a la criatura no le quedó otra que regresar sola a su nido. Márika puso un mohín y le preguntó a Hoarah Loux por qué su duende la había abandonado, a lo que este respondió que el vínculo que los mantenía unidos era el amor incondicional que el guerrero sentía por Rauh y por el crisol, pero que eso ya no era lo que más amaba. Al comprenderlo, Márika se ruborizó.

Ambos se pasaron la noche charlando. Había muchas cosas que Márika desconocía sobre Rauh, los duendes y las Tierras Sombrías, y a Hoarah Loux los quehaceres habituales de las chamanas le parecieron fascinantes porque era ella quien se los explicaba. Cuando el inoportuno amanecer llegó, Hoarah Loux se dio cuenta de que no estaba hablando con una persona cualquiera: el brillo del sol reflejado en el cabello dorado de Márika le hizo percibir su condición divina, así como lo peligroso que sería que la gente de Belurat la encontrara.

Se lamentó por haber tardado tanto en darse cuenta. Quiso achacar su falta de perspicacia a que su duende lo había abandonado y eso había debilitado sus sentidos, pero no era cierto. No se había dado cuenta porque se había enamorado de Márika. Aunque no era lo que su corazón deseaba, le pidió que regresara a su casa y que se quedase allí. La Aldea del Chamán debía seguir siendo un secreto para todo el mundo o sería el fin del Reino de las Sombras.

Sin embargo, al intentar regresar, Márika se perdió. En un intento de encontrar el camino a casa, se topó con un grupo de tarrotenientes cerca de la Aldea de Bonny. Iban armados y se abalanzaron sobre ella. Márika corrió para darles esquinazo, pero ellos eran más fuertes y rápidos. Desesperada, solo pudo esconderse tras un árbol, cerrar los ojos y rezar.

Los tarrotenientes no tuvieron problemas en encontrarla, pero también a la serpiente blasfema, que protegía con su cuerpo cubierto por escamas rojas a Márika, rodeándola como si fuera su cría. Siseó con su lengua bífida y los tarrotenientes huyeron despavoridos.

Cuando Márika abrió los ojos, se sobresaltó, pero la serpiente no tenía intención de hacerle ningún daño. Desenroscó su cuerpo, separándose de la numen, y le explicó por qué ella y sus hermanas eran peones importantes en la partida de ajedrez que estaba a punto de jugarse. Los sacerdotes de la torre pretendían crear una estructura con forma de puerta capaz de convertir a alguien en dios y, para lograrlo, necesitaban a las númenes. Ellos aún no lo sabían, pero lo acabarían descubriendo por pura casualidad cuando ellas fuesen los últimos cuerpos que cazar en esas tierras. Por lo tanto, el fin de la raza de Márika estaba cerca, a no ser que la joven obtuviera el poder suficiente para derrotarlos antes.

Así pues, la serpiente le propuso a Márika una cosa, que los dos dejasen atrás su forma física y se fusionaran en un único ser poderoso. Por fuera, Márika seguiría siendo una preciosa numen, pero la serpiente viviría, crecería y se reproduciría en su interior. Ella dudó, pero no tenía miedo. Escudriñó los profundos ojos de la criatura, intentando adivinar las verdaderas intenciones, aunque le resultó tan difícil como percibir algo a lo lejos en una noche oscura y le preguntó si, en caso de aceptar su poder, podría vivir con Hoarah Loux sin miedo a ser perseguida. La serpiente afirmó con un silbido y le aseguró que, si le permitía vivir en su interior, sería ella la que perseguiría a los sacerdotes de la torre y los masacraría.

Márika dudó, pero en el último instante torció el gesto. La serpiente se apartó de su lado, se acurrucó bajo una sombra junto a una roca y le dijo que podía tomarse su tiempo, que la esperaría en ese mismo lugar hasta que estuviera lista. La criatura no tenía prisa, pues era eterna.

## GUERRA

A los pies de Belurat, se construyeron casas para los servidores del templo. A estas, siguieron calles asfaltadas y un pequeño mercado. En poco tiempo, se convirtió en una pequeña ciudadela destinada a albergar a los soldados, ayudantes y artesanos, cuyo número no dejaba de aumentar.

El crecimiento de la civilización de los ascetas no presagiaba nada bueno. La matriarca sabía que era cuestión de tiempo que dieran con sus hijas, y un temor similar embargaba a los habitantes de Rauh. Sin lugar a duda, faltaba poco tiempo para que se desatase una guerra.

Atendiendo a la sabiduría que los forjadores habían obtenido al descifrar la letra herrérica, los ascetas lograron invocar a un ser majestuoso: una bestia divina[66] nacida de la mezcla de animales herbívoros y carnívoros con cuernos. Para que el truco surtiera efecto, la crearon a los pies de las dos grandes estructuras de carne muerta que habían diseñado en la cima de Enir-Ilim, pues su función era canalizar el poder de la espiral dorada y hacerla más grande, fuerte e intensa.

La primera en nacer tenía forma de ave y la llamaron Pájaro Divino. Era un espíritu alado violento y poderoso. En Belurat, lo recibieron con alabanzas, pues entendieron que era un guerrero enviado por los cielos para enfrentarse a las aves mortuorias que los acosaban. Tal evento fue lo que los inspiró a bautizar a su construcción como Puerta de la Divinidad.

66. La anciana de Belurat dice: «Oh, bestia cubierta de cuernos, nacida en lo más alto», señalando que ha nacido en lo más alto, es decir, en la Puerta de la Divinidad, en Enir-Ilim.

Imitando la forma de sus plumas doradas, sus garras y su pico para forjar sus armaduras, nació la unidad del Pájaro Divino.[67] Estaba formada por guerreros que no solo eran duchos con las armas, sino que también sabían invocar las habilidades de este ser para que los ayudaran durante la pelea. El líder de todos era Ornis.[68] Este supo domar al Pájaro Divino y vincularse con él para sumarlo a su propia fuerza, como Hoarah Loux había hecho con su duende.

La segunda bestia que lograron producir tenía forma de león. Al oírla rugir con fuerza cuando emergió de la Puerta de la Divinidad, todos en Belurat supieron cómo llamarla: Serosh.[69] Para crearlo, mezclaron leones a los que les habían brotado cuernos y los exprimieron, extrayendo un zumo que era esta nueva criatura espiritual. Este experimento les enseñó algo que Ymir ya sabía y que los maestros armeros intuyeron al encontrar las forjas. No solo debían mezclar cadáveres con poder para lograr el poder de un dios, sino que necesitaban un espíritu que sirviera como puente hacia el plano inmaterial.

Sin embargo, los ascetas de la torre sabían que les faltaba algo más e intuyeron que el problema radicaba en la carne que estaban mezclando. ¿Cómo iban a crear algo parecido a un dios combinando tripas de gente vulgar? Necesitaban algo más fuerte y místico y que obrara como el herrero que se necesita para crear cualquier arma, pero ¿qué raza poseía unas entrañas con tales virtudes? Ya habría tiempo para pensar en ello.

Serosh era un ser que provenía directamente de los rescoldos del crisol de la vida. Se lo consideró una señal de buena nueva y se le rindió un sentido homenaje bailando, comiendo y bebiendo,

67. Plumas del Pájaro Divino: «Una técnica de los guerreros del Pájaro Divino, quienes fueron los primeros guerreros con cuernos, que se usa como encantamiento. Extiende los brazos como alas para lanzar una ráfaga de plumas. Este encantamiento se puede lanzar en movimiento. Mantén pulsado para seguir lanzando plumas. Se dice que los guerreros del Pájaro Divino y, por supuesto, esta técnica recuerdan al crisol dorado».
68. Cenizas de espíritus. Guerrero del Pájaro Divino Ornis: «Espíritu del guerrero del Pájaro Divino del que descienden los guerreros astados. Viste armadura dorada y se le han concedido alas y plumas por invocación divina. Ornis logró domar al Pájaro Divino e hizo sus alas mientras surcaba los cielos. Cuando al fin cayó a tierra, siguió viviendo como deidad guardiana del barrio de los templos».
69. El nombre de Serosh parece provenir de la deidad persa Soroush o Sraosha, que rige sobre la conciencia como guardián y acompañante.

transformando el rostro del león con cuernos en un símbolo de prosperidad. Fabricaron disfraces con el rostro de los felinos sacrificados bajo los que se ocultaban dos hombres que brincaban ocultos bajo su pelaje, cuernos y colmillos.

Y, del mismo modo que ocurrió con la Unidad del Pájaro Divino, se creó la Unidad de la Bestia Divina. Sus yelmos tenían su mismo aspecto, el de un bravo león, y sus guerreros eran igual de feroces. Eso sí, a diferencia de Serosh, las máscaras de los yelmos tenían cuernos.

A la mañana siguiente, ya no solo se oían los gritos y los lamentos de los reos asesinados desde Rauh, también los vítores por las celebraciones. Hoarah Loux apretó el puño y tomó una decisión: enseñaría a la gente de Rauh a luchar, a tomar prestada parte de la fuerza del crisol de la vida y a usarla para defender su hogar.

Esperaba que eso bastara para enfrentarse a aquellos monstruos que se creían santos.

Los demás habitantes del Reino de las Sombras también oían con temor los cánticos que procedían de la torre. Tan solo tenía un deseo: llegar vivos a un nuevo amanecer sin ser asesinados por los Hojamaldita ni convertirse en esclavos de Belurat[70] o en algo que meter en un tarro de los carianos. Rezaban sin parar para que nada de eso ocurriese hasta que un día se dieron cuenta de que no tenían a ningún dios al que dirigir sus plegarias. Sin nada que perder, decidieron abandonar sus aldeas y buscar a uno.

Viajaron por el Altiplano Sombrío y llegaron a un lugar oscuro, siniestro y alejado de todo, el Bosque del Abismo. Allí, se encontraron con una casa parroquial con las puertas abiertas. En su interior, fueron recibidos por el maestro Midra y por Nanaya, su mujer. Ella cargaba con una vara singular: no era un báculo corriente, sino una columna vertebral perfectamente recta, separada del cuerpo al que pertenecía, en cuya cúspide, allí donde debería haber nacido el cráneo, crepitaba una débil llama anaranjada.

Todos quedaron embelesados por el fuego, pero también por la belleza de Nanaya. Su mirada era cautivadora, casi enloquecedora. La envolvía un aura tan ominosa y abismal como la de los monumentales, y eso era lo que buscaban aquellos pobres exiliados. Porque, para enfrentarse al diablo, quizá no hiciera falta un dios, sino un diablo igual de temible.

Nanaya[71] había vivido más tiempo del que le era permitido a los mortales, y nadie conocía su pasado ni el origen de aquella llama inextinguible, pero tampoco le hacían preguntas por miedo a que eso la enfadara. Nunca se dirigía directamente a sus fieles; era el

70. Este capítulo de *Shadow of the Erdtree* está inspirado en la saga de la Condena de *Berserk*, en la que la Iglesia capturaba infieles para torturarlos.

71. Antorcha de Nanaya: «Una antorcha que vincula una llama moribunda de frenesí a una pequeña columna vertebral. En una tierra distante, de un pasado olvidado, nació un hombre incapaz de ser el Señor de la Llama Frenética. Lo único que queda de él está al cuidado de Nanaya». A nadie se le escapará el parecido de su nombre, Nanaya, con el de las hijas de Manus: Nashandra, Elana, Nadalia y Alsanna. Teniendo en cuenta que Manus es en potencia un dios exterior y que Nanaya se dice que llega de un pasado distante, *Elden Ring* está jugando con la idea de que Nanaya es parte de esa camada.

maestro Midra el que hablaba por ella, como si él fuera el único capaz de interpretar los misterios de su corazón.

Midra y Nanaya les enseñaron a todos a adorar a aquel fuego, al que se le otorgó el nombre de *llama frenética* por sus disparatadas y caóticas lenguas incandescentes. Era tan poderosa que, con su calor, no solo podía derretir a los espíritus, también a las bestias divinas.[72]

Todos los que le rendían pleitesía a la pareja ansiaban dominar esa llama y estaban dispuesto a sacrificar lo que fuera por lograrlo. Nanaya lo sabía y les concedió su deseo con gusto. Uno a uno, les tocó el rostro con su desquiciante fuego y sus ojos se derritieron al instante por culpa del calor.[73] Por las cuencas, se coló el poder de la locura hasta su corazón, como un torrente de lava hambriento de carne, como una serpiente que se esconde rauda en su madriguera. Y todos ellos entendieron que Nanaya estaba haciendo con ellos lo mismo que Belurat con sus esclavos: uniéndolos, pero no a través de su carne, sino mediante el fuego.

Por lógica, la llama debería haberse extinguido tras tanto uso, pero ocurrió justamente lo contrario. Era como si todos los cuerpos que engordaba con ella le insuflaran oxígeno a la principal. De alguna forma, tanto la llama original como las que residían en el corazón de los seguidores de Nanaya estaban enlazadas y se comportaban como un mismo fuego.[74]

Por último, Nanaya se acercó a Midra e inició el ritual final. Tenía a su merced a los peones que sacrificar, reunidos bajo su hechizo. Ella sería la señora y la vasija, mientras que la llama frenética funcionaría como un alma espiritual y divina. Estaba todo listo para que Midra ascendiera como el verdadero Señor de la Llama Frenética, como un dios castigador que lo abrasase todo. Pero el amor de Nanaya por Midra no era sincero y este no era un empíreo.

72. Llama frenética emergente: «Los espíritus son eternos y, aun así, la llama frenética acaba derritiéndolos. No es de extrañar que los cornamentados prohíban su uso».
73. Manual de artesano lunático: «Registro sobre las técnicas de creación de un artesano que servía a Midra, maestro de la casa parroquial, y a Nanaya, su señora. La llama frenética le quemó los ojos».
74. La llama frenética recuerda inevitablemente a la llama de *Dark Souls* y su enlazado mutuo.

Nanaya no sabía esto[75] y, por culpa de la debilidad de Midra, su cabeza ardió y explotó, formando una gran masa incandescente similar a un pequeño sol. Midra cayó al suelo sin fuerzas. El fuego se refugió en su cerebro y su cráneo recuperó su forma original como uno de los tarros de los carianos, al menos en esencia. Su piel envejeció de golpe y su gesto se volvió sombrío y triste, pero no por el intenso dolor que sentía, sino porque era consciente de que le había fallado a Nanaya.

Pese al fracaso, Midra se convirtió en Señor de la Llama Frenética a ojos de sus fieles. Un día, su columna vertebral sería la antorcha que otro tomaría para transportar la llama frenética e intentar nuevamente el ritual, pero él nunca se convertiría en dios.

75. La llama frenética de Midra: «Encantamiento que alaba a Midra, Señor de la Llama Frenética. Invoca una aparición de la cabeza del señor, la cual escupe una llama frenética. Este encantamiento se puede usar estando en movimiento. La aparición permanecerá mientras se mantenga la acción. El Señor de la Llama Frenética usará su tormento y desesperación, su aflicción, cada pecado y maldición. Y lo quemará todo. Pero Midra, al igual que otros antes que él, era muy débil para llegar a señor».

Nanaya, descorazonada, se refugió en su escondrijo, acariciando el esqueleto y el fuego que siempre llevaba consigo. Los acunó con el mismo amor con el que se acuna a un hijo. Se quedó dormida y ya nunca despertó.

Su tristeza contrastaba con la alegría de sus seguidores, quienes sentían que el poder más absoluto corría por sus venas y que Midra sí se había convertido en un dios al que seguir. Ocultos en el Bosque del Abismo, crearon su propio arte mágico basado en el poder enloquecedor de la llama frenética mientras planeaban su ataque mortal contra los carianos y Belurat. Los corderos estaban felices por haberse convertido en lobos.

Mientras tanto, en las cárceles gélidas, los magos carianos se volvieron descuidados por pura impaciencia. Los ascetas estaban avanzando a pasos agigantados en sus investigaciones, y ellos no. La inquietud los empujó a cometer la insensatez de construir una de sus cárceles a los pies de Belurat, pensando que así podrían interceptar a los esclavos de la torre que los cornamentados recogían de Costa Cerúlea, pues los ascetas ya contaban con un ejército capaz de enfrentarse a las aves mortuorias y habían empezado a reclamar lo que era suyo.

Fue el mismo error que cometieron Lusat, Azur y Sellen. Los sacerdotes de Belurat permanecían ajenos a las maquinaciones de los carianos, cegados por su propia soberbia, pero esa nueva cárcel los alertó de su presencia. Así, desplegaron a sus Hojamaldita contra los magos y los tarrotenientes, a sus guerreros de la bestia divina[76] León Danzante y a los de la Unidad Pájaro Divino. Los sacerdotes más duchos con los encantamientos también se sumaron a la lucha. No solo querían acabar con ellos, también hacerse con todo el territorio para que nadie volviese a osar hacerles frente.

Márika no pudo elegir peor ocasión para escabullirse y visitar a Hoarah Loux de nuevo en Rauh. Los tarrotenientes llevaban días buscándola y por fin dieron con ella, aunque, en lugar de apresarla,

76. Armadura de guerrero bestia divina: «Armadura de los guerreros astados elegidos para convertirse en guerreros bestia divinos. Está adornada con piel de león. Entre los guerreros bestia divinos, solo quienes destaquen en la invocación divina se convierten en guardianes esculpidos y reciben el honor de la danza del león».

prefirieron seguir sus huellas, deshacer el camino que ella había andado y averiguar de dónde procedía. Márika los vio acercarse a ella, pero, como no la siguieron, pensó que había logrado escapar de ellos una vez más.

El rostro de Hoarah Loux ya no era el del despreocupado muchacho que Márika había conocido en su día. Estaba enfurruñado y ansioso y llevaba consigo su hacha. No estaba solo, sino que iba acompañado de otros tantos guerreros bien armados. Hoarah Loux los presentó como sus Caballeros del Crisol, pues eran capaces de emplear la fuerza del crisol de la vida para invocar colas de escorpión, alas y hasta púas de su espalda.

Márika no entendía para qué necesitaría un pueblo tan pacífico como el de Rauh ese tipo de habilidades, por lo que este se lo explicó: se avecinaba una guerra y solo los más poderosos sobrevivirían. Al percibir el miedo de Márika, Hoarah Loux entendió bien a qué se debía, por lo que tomó su mano y le pidió que la acompañara.

La condujo a un sitio precioso: unas carnosas flores rojas crecían en el suelo[77] formando un círculo y una preciosa iglesia de piedra coronaba el centro del campo. Allí, le explicó que el crisol de la vida no son solo cuernos, púas o alas, también son árboles y flores,[78] pues todo lo que emerge del cuerpo o la tierra es un nacimiento, y eso es la vida, eso es el crisol. La guerra que se avecinaba era contra eso mismo, contra la vida, y él no podía permitir que ganaran aquellos que querían destruir la belleza del mundo.

La vegetación alrededor de las flores estaba alta y las ramas de los arbustos eran duras y retorcidas. La larga trenza dorada de Márika se enredó con ellas, dejando tras de sí mechones de su pelo. Con cierto esfuerzo, lograron entrar en la iglesia. No estaban solos; allí los aguardaba Romina, una mujer con cuerpo de escorpión sobre el que revoloteaban una miríada de mariposas escarlata.[79]

77. Brote rojo: «Crece en tierras asoladas por la putrefacción roja. Hubo un tiempo en el que estos brotes aún no habían sido tocados por la plaga de la putrefacción roja, cuando eran símbolos de la pequeña iglesia de las antiguas ruinas de Rauh».

78. Característica del Crisol que fue encontrada en las antiguas ruinas: «Crea una flor de Miranda en el pecho antes de que caiga una lluvia de luz. Si se carga, aumenta la potencia. En tiempos pretéritos, antes de que esta tierra se viese bañada por las sombras, la vitalidad del crisol florecía».

79. Mariposas podridas: «Las mariposas escarlata son como las alas de la Diosa de la Putrefacción. Carentes de amo, fueron aliviadas por Romina cuando esta acudió a ellas».

Hoarah Loux le reveló a Márika la verdadera naturaleza de Romina y de su extraño abdomen. Se trataba de una manifestación de la Diosa Escarlata, una deidad exterior que amaba el crisol de la vida, pues ella misma era naturaleza pura y salvaje. Desgraciadamente, por culpa de su aspecto, la diosa había sido atacada, desterrada y apartada. Por eso se refugiaba allí. Hoarah le contó que la Diosa Escarlata estaba en las flores de la entrada, en Romina y también en ella misma. Márika lo sabía, por eso no se asustó al verla.

Márika dejó que Hoarah Loux siguiera hablando mientras se acariciaba el vientre, como si eso le fuera a revelar algo más sobre sí misma. Le contó qué significaba ser una numen, o una chamana, como se llamaban entre ellas. Ellas tenían en su interior una parte de esta diosa,[80] lo que las convertía en el ingrediente idóneo para que los cornamentados lograsen sus propósitos. Todo su clan eran médiums, puentes entre lo que se ve y lo que no. Si los ascetas o los magos se hacían con ellas, sería el fin.

Márika entendió por fin por qué su madre, la gran matriarca, le había impedido abandonar la aldea. Y entonces se dio cuenta del tremendo error que había cometido al no hacerle caso. Se marchó corriendo de la iglesia y regresó

80. Esta parte se manifestará en una de sus hijas, Malenia.

a su hogar, sin detenerse ni para recuperar el aliento, pero ya era demasiado tarde: allí ya no había nadie; todas sus hermanas habían sido apresadas por los tarrotenientes.

Sabía que había sido culpa suya; tendría que haberle hecho caso a su madre. Pensando en ella, desvió la vista al árbol hueco en el que solía tumbarse a su lado y la vio. Su cuerpo sin vida, seco y convertido en piedra, la seguía esperando con los brazos abiertos. Márika rompió a llorar y se derrumbó sobre el cuerpo de su madre. Trepó por su torso, le pasó los brazos por encima de sus hombros fríos y la abrazó. Sus lágrimas cayeron hasta empapar la roca que un día había sido su piel y, de la humedad, brotaron unas pequeñas ramitas que algún día se convertirían en un árbol.

Entonces, lo vio. Hoarah Loux tenía razón. Ellas eran puentes entre lo humano y lo divino. Se arrepintió por haber sido tan egoísta, por no haber querido escuchar, por ser tan necia. Sin saber qué más hacer, se acurrucó en su regazo y se quedó dormida.

Esa misma noche, estalló la guerra. Los sacerdotes de Belurat se enfrentaron a los magos carianos en una lucha sin cuartel por hacerse con las chamanas secuestradas. La soberbia de los ascetas corrió en su contra, pues los hechiceros de las piedras refulgentes, menores en número, supieron aprovechar los recovecos de sus cuevas para esconderse y buscar la oportunidad propicia para contratacar.

Se enfrentaron con beligerancia contra los Hojamaldita. En lugar de matarlos a todos, decidieron apresarlos[81] para meterlos en sus tarros y ver qué pasaba. Gracias a sus hechizos, lograron contener los ataques del ejército de cornamentados, aunque muchas de las chamanas que sus tarrotenientes habían secuestrado acabaron en Belurat.

Los guerreros bestia divinos se quedaron en la torre para protegerla, pero los espadachines de la Unidad del Pájaro Divino

81. Cenizas de espíritus. Hojamaldita Meera: «Restos cenicientos en los que aún habitan espíritus. Úsalos para invocar el espíritu del hojamaldita Meera. Los Hojamaldita parecen bailar mientras hacen girar sus relucientes hojas circulares. Estos ascetas, que no llegaron a convertirse en deidades tutelares, fueron un azote para quienes trataban de invadir el territorio de los cornamentados. Tiempo ha, antes de la sombría invasión, los Hojamaldita fueron encarcelados. Fue durante este confinamiento cuando Meera y Labirith forjaron su vínculo y, tras la muerte de Meera, se dice que Labirith se sumió en la oscuridad devastadora».

marcharon hasta Rauh. No fueron capaces de acceder hasta la iglesia de Romina, pero sí que se encontraron con Hoarah Loux. Fue una masacre, pues sus mal entrenados guerreros no pudieron hacer nada pese a contar con el favor del crisol.

La lucha también llegó hasta la casa parroquial, pero las criaturas de Belurat fueron incapaces de hacer frente al poder de la llama frenética y tuvieron que retirarse por el momento.

Rellana también combatió. Todo aquel tiempo entrenando en Ensis había merecido la pena. Logró hacer retroceder a los ascetas y devolverlos a su torre. Los hechiceros de piedras refulgentes consiguieron ocultar el verdadero motivo de la lucha a la princesa. Le hicieron creer que era una simple disputa territorial. A tenor de lo que Rellana había presenciado en Enir-Ilim, se lo creyó.

Hoarah Loux logró sobrevivir pese a las letales heridas infligidas por sus enemigos. No era su cuerpo lo que más le dolía, sino su propia debilidad. Juró que aquella derrota no lo frenaría, que entrenaría a nuevos guerreros en las artes del crisol de la vida y que se vengaría. Encontraría la forma de volverse más fuerte y volver más poderosos a todos los que lo siguieran. Pero en aquel momento no tenía fuerzas, así que cerró los ojos y cayó inconsciente.

A la mañana siguiente, la guerra había terminado. El combate no cesó porque uno de los dos bandos hubiera triunfado sobre el otro, sino porque el botín había sido repartido equitativamente. Cuando cada uno descubrió por su cuenta qué ocurría al mezclar en sus bolas de carne a las chamanas, la batalla dejó de ser relevante.

La guerra dejó campos y colinas repletos de cadáveres, armas, armaduras, espadas y báculos. Los habitantes del Reino de las Sombras que habían sobrevivido a las cacerías, a la batalla y al hambre aprovecharon la oportunidad para recoger todo lo que pudieron y usarlo como ropa o conseguir algo de dinero por ello. A los que se dedicaban a esto los llamaban *carroñeros* y eran despreciados por dedicarse a traficar con la misma materia prima que usaban los sacerdotes o los carianos: la muerte. Uno de ellos se llamaba Igon.[82] Los carroñeros aceptaban la humillación porque sabían que era eso o morir, pero también eran conscientes de que, con cada pierna que cortaban para hacerse con su bota, disminuía su humanidad.

Cuando Márika se despertó, ya era de día. Abrazó por última vez a su madre y se arrancó un generoso mechón de su trenza con

82. Armadura de Igon: «Armadura del guerrero dracónico roto Igon, procedente de una armadura compuesta por una mezcla de piezas. De esta andrajosa prenda protectora cuelgan accesorios realmente sucios. Este pobre carroñero de los campos de batalla halló el honor gracias a la Comunión Dragontina».

una piedra afilada para ponerlo a los pies de su cadáver de piedra con el objetivo de que una parte de ella permaneciera a su lado para siempre. Antes de despedirse, le confesó que todo había sido culpa suya. Deseó que nada de aquello hubiera pasado, pero también le aseguró que no descansaría hasta matarlos a todos, hasta el último de ellos y de la forma más cruel posible.[83]

Márika por fin había tomado una decisión. Caminó hasta el encuentro de la serpiente blasfema. La criatura, al ver a la numen, sonrió con un silbido y se acercó a ella. Con un quejido, el Devoradioses se desprendió de su piel y, de un mordisco, le arrancó la suya a Márika y se fundió con su alma, dejando tras de sí un cadáver de roca como el de la matriarca. A Márika el cuerpo le ardía mientras la serpiente se retorcía entre sus tripas y su carne se regeneraba. Era como si un fuego voraz hubiera sustituido su sangre y se revolviera en su vientre para acomodarse en él. Se apoyó sobre su antiguo cuerpo de roca para no caer desvanecida y solo acertó a murmurar entre lágrimas: «Oh, madre».

## LA VOLUNTAD DEL ORO

Márika ya lo sabía, la serpiente se lo dijo desde sus tripas: el poder que necesitaba para matarlos a todos estaba en Belurat, pero, para hacerse con él, necesitaba a un señor que la ayudase a completar el ritual. Y no podía ser cualquiera, sino uno al que amase con sinceridad. Sabía dónde encontrarlo.

Viajó hasta Rauh en busca de Hoarah Loux. Al guerrero apenas le quedaba un aliento de vida, pero la sangre de la serpiente que habitaba en el interior de Márika bastó para sanarlo. Cuando este se alzó, vio en ella algo nuevo, temible y poderoso, porque esa

83. Trenza Dorada: «Una trenza de cabello dorado cortada. La ofrenda de la Reina Márika a la matriarca. Potencia al máximo la negación de daños sagrados. ¿Cuál fue su plegaria? ¿Su deseo, su confesión? No queda nadie para responder y Márika nunca regresó a casa».

serpiente era mucho más de lo que parecía, era una parte de una diosa externa malévola que provenía de una sangrienta lejana estrella.[84] Quiso advertir a Márika, pero el ansia de venganza era más fuerte que cualquier otro deseo y ambos necesitaban a la serpiente.

Márika le pidió ayuda. Debían viajar juntos a Belurat y entregarse a los sacerdotes de la torre, así obtendrían la fuerza que ambos perseguían. Hoarah Loux aceptó. Caminaron juntos hasta la ciudadela y allí fueron recibidos por los ascetas. Una sabia anciana con los ojos cubiertos de cuernos los invitó a pasar con una sonrisa impía e interesada[85] y ambos accedieron. Márika dejó claros sus intereses. Ella era la numen que los ascetas buscaban, pues ninguna otra de las que habían capturado tenía lo que ella: un señor al que amaba. Márika ascendería a diosa, el señor que reinaría a su lado sería Hoara Loux y el alma poderosa que los uniría sería...

La Cornamentada la interrumpió y la obligó a aceptar a Serosh como esa alma poderosa. Hoarah Loux no tuvo problema en generar un vínculo con la bestia divina, pues ya lo había hecho con los duendes de Rauh. Juntos, caminaron hasta lo más alto de Enir-Ilim y, tras un largo trecho de escaleras, llegaron a los pies de la Puerta de la Divinidad. Hoarah Loux dudó un segundo, pero, al mirar a la derecha, reparó en que uno de los árboles con los que se manifestaba el crisol había brotado en una plaza de Belurat. Sin embargo, su madera no era ámbar ni marrón, sino dorada. Se lo tomó como una señal de que debía seguir adelante con el plan.

La Puerta de la Divinidad estaba formada por dos torres enormes hechas de cadáveres. Entre los muertos, supo reconocer a muchas de las chamanas con las que se había criado. Mientras avanzaba hacia su interior, la ira de Márika iba creciendo. Ese fuego que la serpiente había cambiado por su sangre era cada vez más

84. Zarza pecaminosa: «Un hechizo aberrante descubierto por criminales exiliados. Se trata de los hechizos más vilipendiados por la Academia. Hiere al invocador con espinas pecaminosas que crean una espiral de espinas sangrientas. Este hechizo se puede lanzar repetidamente, hasta un total de tres veces. Los culpables, cuyos ojos fueron arrancados con espinas, viven en la oscuridad eterna. Allí descubrieron la estrella sangrienta».

85. La anciana cornamentada dice en Belurat: «Escúchame, descendiente de la más libertina meretriz [...]. Deshazte de la ruin progenie de la más inmunda ramera [...]. De quienes nos traicionaron, de quienes nos arrojaron al fuego». Conocía a Márika y fue traicionada por ella.

caliente y lacerante. Le ardía y sentía que solo podría apagarlo matándolos a todos.

Hoarah Loux lo notó, así que apoyó la mano sobre su hombro y le dio ánimos en silencio. Márika recobró el juicio. Respiró, agachó la cabeza y escondió su rostro, lleno de hostilidad, bajo su flequillo rubio. Dio un paso y luego otro hasta atravesar el umbral de la Puerta de la Divinidad. Cuando lo hizo, una espiral de luz emergió del suelo, envolviéndolos a ella, al guerrero y a Serosh.

Márika sintió que la Voluntad Dorada la recibía y que, con una caricia, le entregaba parte de su don de oro. Lo aceptó y se llenó de gracia. Hoarah Loux también cambió: se transformó al instante en su señor y guardián. La bestia divina Serosh se pegó a su piel y se colgó a su espalda como si fuera una gruesa capa. La Anciana sonrió, pues creyó que eso bastaría para asegurarse de que podría usarlos a ambos como arma, pero se equivocaba. Hoarah Loux estaba acostumbrado a vivir bajo la influencia de los espíritus y sabía cómo acallar la influencia de Serosh.

Al dejar atrás la Puerta de la Divinidad, Márika refulgía, pues el poder y la ira la desbordaban. Su primer instinto fue desatar un rayo destructor sobre Belurat, pero no lo hizo. Volvió a encontrarse con el rostro de sus hermanas muertas y pensó en su madre. Entrelazó los dedos de sus manos y rezó. Cerró los ojos, tomó aire y exhaló. Su respiración se transformó en una brisa fresca que arrastró una semilla dorada más allá de los muros de la ciudadela; esta voló hasta llegar a su aldea natal, donde trazó una espiral en el aire y se hundió en la tierra. Márika susurró una vez más «Oh, madre» desde Enir-Ilim y un pequeño Árbol Áureo brotó del hoyo. Su hechizo sería inútil, pues no habría nadie a quien calentar con su brillo, pero Márika necesitaba despedirse.[86] El amor que sentía por su madre se sobrepuso a su deseo de vengarse.

La activación de la Puerta de la Divinidad emocionó a las criaturas que vivían en el cosmos. Ymir lo celebró bailando y riendo en Manus Metyr al ver cómo caía un meteorito tras otro sobre el continente, ya que, en su interior, estaban los dedos que él tanto amaba. Salió como una exhalación de su iglesia, alzó las manos y los recibió proclamando que él sería la madre de todos ellos, que no buscaran más, pues él les daría todas las caricias y el amor que perseguían.

Muchos de los dragones, heridos tras la guerra contra los gigantes, también se sintieron atraídos por el Reino de las Sombras. Encontraron un refugio al este, en un pico escarpado fuertemente azotado por el relámpago rojo. Los dragones más pequeños llegaron guiados por Gransax,[87] Senessax, Florissax, Lansseax, Fortissax y Bayle. Todos creían que allí podrían descansar en paz por fin.

Márika, ajena a su llegada y deseando que su pequeño Árbol Áureo brillase por siempre, miró a la Anciana con cuernos por ojos, a los ascetas que iban con ella, a los Hojamaldita que la protegían con sus afilados Chakram en ristre y a sus guerreros bestia divinos. Sin apartar la vista, meneó sus dedos y unos hilos dorados se materializaron desde sus uñas.

Hoarah Loux tomó su hacha y gruñó, amedrentando a Serosh, que prefirió ocultarse. La Anciana dio un paso hacia atrás, dándose cuenta de que había cometido un terrible error de cálculo. Y hasta los estoicos Hojamaldita se acobardaron. Los hilos dorados rodearon el cuerpo de Márika, convirtiéndola en una bomba en

86. Árbol Áureo pequeño: «Encantamiento secreto de la Reina Márika. Solo la bondad del oro, sin orden. Crea un pequeño Árbol Áureo ilusorio que restaura continuamente los PS de los aliados cercanos. Márika bañó su aldea natal en oro sabiendo muy bien que no había nadie a quien sanar».

87. Aquí adquieren los conocimientos que desencadenan los hechos narrados en la página 72 de *Los secretos de las Tierras Intermedias*.

potencia. Ella tan solo deseaba explotar, no dejar nada tras de sí y morir, pues nada más le quedaba por perder.

No obstante, la Voluntad Dorada les ordenó a ambos que se detuvieran, y obedecieron. Sin saber desde dónde hablaba, le dijo a Márika que matar ahí a los cornamentados y de esa forma no le proporcionaría ninguna satisfacción. La numen pensó en los rostros retorcidos y aplastados de sus hermanas, usados como arcilla para construir la Puerta de la Divinidad, y supo que la Voluntad Mayor tenía razón. No se merecían una muerte limpia.

Su misión era otra. Debía viajar a su encuentro, al interior del Árbol Áureo en las Tierras Intermedias, donde el dios moraba. Juntos, consumarían su deseo del modo adecuado. Dominarían el mundo y aplicarían la condena justa por cada pecado. Márika aplacó su luz, atenuándola hasta extinguirla, y la Anciana respiró aliviada.

Sin embargo, otra voz decidió manifestarse en el corazón de Márika, animándola a no contenerse, a desatar su furia, a causar heridas y a matar. Era la serpiente blasfema. Haciendo oídos sordos al ofidio, la numen se marchó, dudando de que quedara alguna parte de sí misma en su interior. Hoarah Loux también bajó su hacha, entendiendo que Márika tenía un plan. La Anciana la observó irse sin decir nada; temió impedir su marcha por miedo a las represalias.

Márika descendió por las escaleras del templo ante la atenta mirada de sacerdotes, guerreros y lacayos. Sentía el miedo que despertaba en cada uno de ellos. Poco les duró a los cornamentados la satisfacción de haber logrado sus fines, pues eran conscientes de que habían creado a quien se convertiría en su peor enemiga.

Uno de los sacerdotes escribió en la corteza del árbol de la plaza la manera de reproducir el ritual,[88] pero las instrucciones no eran del todo precisas, pues faltaba mencionar el amor, un sentimiento desinteresado que la soberbia impide comprender.

88. Pergamino del ritual secreto: «Un pergamino hecho de corteza blanca de árbol. Pocos pueden descifrar el pergamino, el cual describe el ritual secreto de la Puerta de la Divinidad que, según se dice, se halla en la torre envuelta en sombras. Un señor guiará el regreso de una deidad, y el alma del señor requerirá un recipiente».

Cuando Márika salió por fin del edificio, se encontró con un grupo de mujeres muy parecidas a ella. No le costó reconocerlas, eran sus hermanas, las pocas que habían logrado sobrevivir al asalto de los tarrotenientes. Estas la miraron con odio, pues creían que desataría su ira contra sus verdugos, no que les seguiría el juego para convertirse en una diosa, como ellos deseaban. Así, juraron que la perseguirían y acabarían con la familia que engendrase,[89] como los cornamentados habían hecho con la suya. Márika no respondió. ¿Qué iba a decirles si había sido culpa suya que encontraran su aldea? Prefirió seguir adelante sin vacilar, evitando derramar ni una sola lágrima más.

La noche se les echó encima a Márika y Hoarah Loux, así que decidieron montar un campamento improvisado en un bosque e intentar descansar un poco. Cuando el guerrero se durmió, Márika empezó a sentirse revuelta. Su piel vibró y una fisura apareció en su piel. Al principio, pensó que se trataría de una simple herida de la que no se había percatado durante su huida de la torre, pero comprobó que era más que eso. Su propio cuerpo se estaba rompiendo. Sabía lo que ocurría: en su interior, se estaba produciendo una lucha por la supremacía de sus diversas partes que la acabaría matando. La serpiente combatía contra la putrefacción roja vomitando fuego, alimentándose de su alma y resistiendo los embistes de la Voluntad Dorada. Oyó un chasquido a la altura de su hombro y una nueva herida recorrió su piel.

Quizá fue por el dolor o por el agotamiento, pero Márika se quedó profundamente dormida. Al despertarse, rayando el alba, la sensación de malestar había cesado y las heridas parecían haberse curado, pero algo en su cuerpo había cambiado. Se acarició el vientre: estaba embarazada.[90]

89. En el futuro, estas serían las númenes que seguirían a Ranni.
90. Rencor de Rykard: «El terrible poder de Rykard, señor de la Blasfemia. Invoca espíritus lacerantes que dejan un rastro de explosiones en retardo al despertar. Estos espíritus se manifiestan a partir del rencor de los héroes que sufrieron un final violento. El señor les concedió audiencia, tras la cual fueron recibidos por las fauces de la gran serpiente. Y en el interior de las entrañas de la serpiente, se convirtieron en sus semejantes». Por lo ocurrido en *Elden Ring*, sabemos que el Devoradioses ansiaba tener descendencia. Aquí podemos teorizar que lo que quería era dar a luz a las serpientes primigenias que conocemos en *Dark Souls*.

Márika supo que lo que llevaba en su vientre era algo oscuro y peligroso, pues había dejado de sentir a la Voluntad Dorada y a la Diosa Escarlata en su interior. Hoarah Loux le tomó la mano para intentar darle consuelo. Le aseguró que él y su hacha siempre estarían a su lado y al de su hijo. Encontrarían un sitio en el que ambos pudieran refugiarse y ejercer como padre y madre.

De todos modos, Hoarah Loux y Márika no estarían solos en esa tarea. Con los primeros rayos de sol, llegaron también cientos de necesitados que se postraron ante su nueva diosa. Le besaron los pies y le suplicaron que los cuidara. Márika aceptó quedarse a su lado y guiarlos, al menos hasta que su hijo hubiese nacido, al menos hasta que volviera a oír la guía de la Voluntad Mayor hasta el Árbol Áureo.

Aquella misma mañana, se inició la construcción de una soberbia fortaleza en el corazón del Reino de las Sombras. Se usaron herramientas reunidas en los campos de batalla, piedras de antiguas construcciones y acero de las armas y armaduras de los guerreros caídos. La ubicación del castillo no fue elegida al azar. Sus muros protegerían la entrada a la Aldea del Chamán y el cuerpo sin vida de la matriarca descansaría en paz. Márika se aseguró de ello preparando un sortilegio que solo se desharía si alguien pronunciaba las palabras clave.

Mientras tanto, en el pico escarpado de los dragones, ocurrió algo terrible. El crisol de la vida se manifestó en forma de cuernos en el corazón de Bayle, lo que le produjo un profundo dolor que se manifestó en forma de rabia, colera y violencia.[91] Gransax, más sabio que los demás, juntó dos relámpagos dorados en uno para deshacer esos cuernos generados por el crisol generando una dualidad en forma de espiral.

Fue inútil. Bayle era el más inmenso de los dragones y un arma tan pequeña no sería jamás capaz de atravesar su gruesa piel. Gransax tuvo que huir maldiciendo la mala suerte de su estirpe.

91. Corazón de Bayle: «El corazón biauricular de Bayle el Temible. Está salpicado de piedras similares a cuernos y brilla con un licor de color rojo intenso».

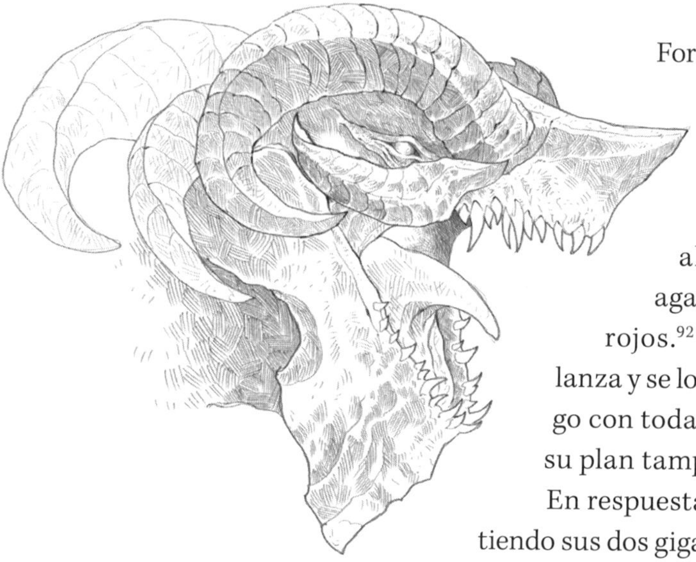

Fortissax no era tan refinado buscando soluciones como Gransax, así que voló más allá de las nubes y agarró los relámpagos rojos.[92] Les dio forma de lanza y se los lanzó a su enemigo con todas sus fuerzas, pero su plan tampoco surtió efecto. En respuesta, Bayle se alzó batiendo sus dos gigantescas alas y giró alrededor de Fortissax y de Lansseax, su hermana. Los rayos encarnados atendieron a su llamada y los alcanzaron a los dos, con un estruendo que hizo temblar la tierra. Por suerte para ambos, un tercer dragón se interpuso entre ellos haciendo de escudo y dio su vida a cambio de proteger a sus camaradas.

Los dos hermanos también tuvieron que escapar. Senessax y Florissax distrajeron a Bayle para permitirles huir, llevándose con ellos a su amigo que tan valientemente había dado su vida por ellos. Luego, consiguieron conducir a Bayle hasta lo alto de la montaña, a un risco cubierto por altos muros de piedra. Allí le provocaron heridas en pata y ala; aunque no lo mataran, le hizo muy difícil emprender el vuelo y perseguirlos. Después, Senessax se reunió con los dragones más jóvenes para alentarlos.

Bayle se quedó solo y enloquecido en la cima del pico. Fortissax y Lansseax lo oían bramar mientras se arrastraban casi sin fuerzas hasta la falda de la montaña. No lo tuvieron fácil, porque Bayle se estaba dedicando a convocar y a lanzar rayos desde la tormenta a diestro y siniestro. Esos truenos impidieron que Senessax evacuara la montaña.

92. Lanza fulgurante de Fortissax: «Crea dos lanzas de rayos rojos y las clava en el suelo desde las alturas, una tras otra. Al impactar, cada lanza estalla y genera estelas de relámpagos que cubren el área».

Cuando lograron descender, los dos dragones se encontraron con un grupo de supervivientes del Reino de las Sombras, con los pocos que quedaban que no habían puesto su fe en Midra ni en Márika. Se arrodillaron ante Fortissax y Lansseax, reconociéndolos como dioses. Los dragones empatizaron con su sufrimiento y se apiadaron de ellos, pues tanto los unos como los otros eran víctimas. Al entender que no se los iban a comer, los humanos limpiaron sus heridas y se las curaron. En compensación, Lansseax sopló y prendió una llama en el suelo. Rajó con su uña el pecho del dragón muerto que los había salvado y le arrancó el corazón. Lo cocinó en el fuego que acababa de crear y se lo ofreció a los humanos, quienes tenían tanta hambre que no dudaron ni un segundo en devorarlo.

Fortissax no detuvo a su hermana, pues comprendió que la salvación solo sería posible a través de gestos de amor como aquel. Ese día, nació la primera congregación de la comunidad dragontina. Lansseax se comprometió a lograr que humanos y dragones convivieran en paz.

Entre aquellas personas que saciaban su apetito con la carne de dragón, se encontraba Igon. Rechazado por los suyos por ser carroñero, juró que dedicaría su vida a la comunidad dragontina. Para lograrlo, Bayle moriría en sus manos.

Una vez se sintieron mejor, Fortissax y Lansseax se marcharon en busca de Gransax. Igon y los demás no se quedaron solos, pues Florissax apareció batiendo sus alas y aceptó protegerlos de un posible ataque de Bayle.

Florissax comprendió que su forma de dragón no le permitía comunicarse bien con sus nuevos amigos. Por eso, conectó con lo humano a través del crisol de la vida y se transformó en una mujer.[93] Empleando la lengua de los mortales, formó a varias jóvenes para que se convirtieran en sacerdotisas y pudieran hablar de la bondad de los dragones cuando ella faltase.

93. Dragona antigua Florissax: «Florissax adoptó esta forma espiritual para servir a un nuevo señor. Usa su dracorrayo para aumentar su negación de daños (físicos incluidos) y la de los aliados cercanos. Reduce la negación de daños de rayo enemiga con el dracorrayo de la maza de flor pétrea. Hace mucho, adoptó la forma humana para compartir la Comunión Dragontina con el mundo. Ahora, su corazón es humano».

Durante estas lecciones, se fijó en Igon, en su pasión y entrega, y vio en él a un futuro señor al que podría llegar a amar. Cuando ese sentimiento se despertó en su pecho, el corazón de dragón de Florissax se volvió completamente humano.

Y pasaron los meses.

En las cárceles congeladas, los hechiceros de piedras refulgentes no lograron crear ninguna bestia divina en sus tarros. La carne de las chamanas solo les sirvió para parir abominaciones.[94] Por culpa de este fracaso, decidieron recurrir a un ingrediente nuevo. A un hechicero se le ocurrió meter trozos del cadáver de un Hojamaldita especialmente fuerte junto con pedazos de chamán. Había sido un adversario formidable durante la guerra, por lo que seguro que le daría fuerza a la mezcla. Cerraron la tapa y esperaron.

Al cabo de unas semanas, el pequeño tarro cobró vida. Le salieron brazos y piernas y se alzó con orgullo. Los hechiceros creyeron que por fin habían engendrado a su propia bestia divina, así que reprodujeron el proceso en el resto de sus cárceles.

El mago e ingeniero Rabbath, encargado de supervisar la creación de estos poderosos tarros, estaba satisfecho. Su alumno, el joven Seluvis, iba con él apuntando todo lo que su maestro opinaba. Rabbath tenía un sueño, quería crear vida que manipular a su antojo y por fin sentía que estaba muy cerca de lograrlo.

Y, mientras los carianos creaban una nueva raza de monstruos en sus cárceles, Márika tuvo a su hijo al fin. Fue un parto difícil, doloroso y largo. Cuando lo cogió en sus brazos, lo abrazó con amor.

La construcción de su fortaleza avanzaba a buen ritmo. Uno de los artesanos encargados de la obra, que también era un buen escultor, decidió inmortalizar la felicidad de Márika tallando una estatua en su honor. La escultura resultante era hermosa e inspiradora. Representaba a la diosa de pie sonriendo, abrazando a su hijo con una expresión de amor sincera en su rostro.

El artesano le preguntó a Márika el nombre del recién nacido y ella respondió que el príncipe se llamaría Messmer. Aunque este

94. Si nos fijamos en los engendros que salen de los tarros, están todos guiados por una mujer de pelo largo: es una chamana.

entendió bien el nombre del pequeño, tuvo que volver a preguntar, pues la voz que le contestó la primera vez no le pareció la de Márika, sino la de otra mujer.

## EL HIJO MALDITO

Hacía días que Hoarah Loux no compartía su cama con Márika; la rehuía. Ya no reconocía en ella a la chica de la que se había enamorado en Rauh. Para evitar pensar en ello, pasaba noches agitando su hacha, meditando e intentando seguir en contacto con el crisol de la vida. Sin embargo, apenas lo sentía ya. El Árbol Áureo era cada vez más dorado y su sensibilidad hacia lo divino empeoraba día a día.

En la fortaleza, se habían repartido rangos, deberes y cargos entre sus súbditos. Se organizaron partidas de caza, grupos de recolectores y pescadores. Cuando el hambre dejó de ser un problema, hubo quienes ascendieron de clase social, mientras que a otros no les quedó más remedio que ser vasallos, siervos o soldados.

Hoarah Loux prefería pasar los días entre la gente humilde, pues no estaba cómodo rodeado de lujos. Le gustaba dedicarse a entrenar a sus guerreros y a beber cerveza rodeado de personas sencillas y honestas.

Messmer agrandó aún más el abismo entre ellos. Márika temía a su bebé y no quería que nadie más que ella lo viese o tocase. Cuando este nació, ella había dejado de sentir con tanta intensidad el fuego de la serpiente en su interior. Seguía ahí, pero era menos fuerte. Eso no le proporcionaba ningún consuelo, pues sabía a dónde había ido a parar.

En la fortaleza, todos daban por hecho que el padre de Messmer era Hoarah Loux. Nadie se atrevía a preguntar por qué el pelo del niño era rojo y el de su padre tan rubio, denso y largo como la melena de un león. Pero Márika sabía la verdad. El cabello de Messmer era tan rojo como las escamas del Devoradioses.

Messmer dio sus primeros pasos al cumplir año y medio. Se movía de forma extraña al andar, como encorvado, de una forma muy similar a como lo habría hecho una serpiente erguida. Su constitución nada tenía que ver con la de su supuesto padre. El niño era flaco, mientras que Hoarah Loux poseía una musculatura portentosa: era tan grande, de barba y melena tan abundante y tan fuerte que los soldados decidieron apodarlo León. Aunque él se había ocupado de mantener a Serosh en su interior, oculto y a buen recaudo, eso no era suficiente. Su cambio físico se debía al vínculo forjado con la bestia divina. Tarde o temprano, sabía que tendría que enfrentarse a esa carga.

Márika compensaba el miedo que le producía Messmer con un amor desbordante. Lo abrazaba como la matriarca la había abrazado a ella, esperando que eso matase a la serpiente que vivía en el interior de su hijo, pero era inútil. La diosa se estremecía al tocarlo, pues sentía que, bajo la piel de su retoño, se retorcía algo alargado y escurridizo.

Cuando Messmer dormía la siesta, Márika se dedicaba a observar durante horas la estatua en la que aparecía sonriendo con su hijo. No se reconocía en ella, porque no lo era. La mujer de la escultura era la verdadera madre del niño y su sonrisa la perseguía allí donde se encontrara. El escultor no se contentó con una sola talla e hizo muchas más, solo que, en ellas, la mujer no sostenía a su hijo, sino que tenía los brazos extendidos para simbolizar que era la madre de todos. Y, siempre que Márika se encontraba con esa sonrisa, el estómago volvía a arderle y las heridas regresaban a su piel.

Por culpa de esta sensación, no quería que nadie la tocase, ni siquiera Hoarah Loux. Harto, y por puro despecho, una noche en la que el León bebió más cerveza de la cuenta, se acostó con una soldado y, al cabo de nueve meses, nació Gaius.[95]

95. Recuerdo del Jinete del Jabalí: «Recuerdo del comandante Gaius, tallado en el Árbol Umbrío. El poder de su homónimo puede ser liberado por la Lectora de Dedos. De forma alternativa, se puede utilizar para obtener una gran cantidad de runas. Ambos eran como hermanos mayores del León y estaban malditos de nacimiento. Pese a ello, o tal vez a causa de ello, Gaius fue tanto amigo de Messmer como líder de sus hombres».

Gaius llegó al mundo maldito, pues Hoarah Loux jamás podría reconocerlo como suyo. Cuando los rumores de la verdadera paternidad del chico empezaron a correr por la fortaleza, Márika volvió a reclamarlo en su alcoba y aquella noche yacieron juntos. Hoarah Loux la abrazó y ella se dejó, pero ya no quedaba nada de aquella ingenua chamana y aquel valiente guerrero de Rauh. Entre ellos, ya no había amor, tan solo miedo y tristeza.

Márika solo le rogaba a los cielos no quedarse encinta esa noche, pues ello podría significar que pariese a otra criatura como Messmer, debido a los restos del fuego de la serpiente que aún albergaba en su interior. Hoarah Loux tampoco le dedicó ni un pensamiento a ella, pues la despreciaba por haberse olvidado del motivo que los había llevado hasta allí, por permitir que Belurat siguiera en pie.

Los temores de Márika se hicieron reales nueve meses después. Aquella noche engendraron a la hermana menor de Messmer, Melina. Y, tal y como Márika había predicho, el fuego de la serpiente en su interior se había esfumado de su cuerpo y pasado a su hija.[96] Por fortuna, la niña no tenía el pelo rojo, sino trigueño y una tez pálida que recordaba a la de su madre.

Márika sintió cierto alivio al comprender que podría tener hijos normales, pero su alegría duraría poco. La mañana siguiente, Messmer, celoso por no recibir las atenciones acostumbradas, alzó su mano para llamar su atención y, de sus dedos, brotó una colérica llama retorcida.[97] Ese fuego era el mismo que llevaba hiriéndolo en su interior desde que había aceptado fusionarse con el Devoradioses. Era el poder de quien se escondía dentro de la serpiente, era ella, la auténtica madre de Messmer.

En la sombra proyectada por el fuego, Márika vio a una mujer cuya silueta estaba constituida por serpientes. Asustada, le

96. Yesca de Messmer: «La llama que arde en el interior de Messmer. Una cosa oscura consumida por una serpiente malvada. Quema el árbol sellado que se dice que se encuentra en las antiguas ruinas de Rauh. Messmer, al igual que su hermana menor, carga con la visión de fuego».
97. Orbe de Messmer: «Invoca la llama de Messmer para formar un orbe flotante gigantesco. El orbe se lanza a por un enemigo, choca en la tierra y explota poco después. Si se carga aumenta la potencia. Messmer odiaba su propio fuego. Una y otra vez deseaba librarse de él, pero este seguía ardiendo».

propinó una bofetada a su hijo para que apagase las llamas, con tal fuerza que su escuálido cuerpo salió despedido dos metros. El fuego se desvaneció y Messmer se marchó llorando de la habitación. Ya tenía seis años y aquella fue la primera vez que sintió el desamor.

Enjugándose las lágrimas, llegó sin darse cuenta hasta una plaza en el interior de la fortaleza. Allí, estaba Hoarah Loux entrenando con su hacha. El León, al ver el carrillo del niño rojo por la bofetada, entendió lo que había ocurrido. Señaló una lanza pequeña que tenía a su lado y Messmer la tomó. Juntos, entrenaron durante horas y el niño olvidó la pena que sentía. Hoarah Loux le dijo que siempre que sintiera que la vida lo desbordaba, tomara su lanza y entrenara.

Gaius, que llevaba tiempo espiando a su padre desde las sombras, no pudo resistirlo más y se presentó ante él trotando como un jabalí nervioso. Hoarah Loux lo recibió con ternura, le sacudió el pelo de su pequeña cabeza con su enorme mano y también le entregó un arma. Los dos niños comenzaron aquel día su formación militar. También fue el primer día en el que los tres entendieron lo que era el verdadero amor.

Messmer hizo caso del consejo de Hoarah Loux y no tardó demasiado en erigirse como un hábil lancero. Por su parte, Gaius se volvía más fuerte cada día que pasaba. Los dos eran unos críos, pero ya eran tan hábiles como otros soldados mucho mayores.

Encerrada en su habitación, Márika sentía que estaba perdiendo el juicio. Veía a esa madre sin forma en cada sombra, en cada esquina oscura y en cada noche sin luna. Oía sus susurros de serpiente en el viento y la comida le sabía a sangre. Desde hacía un tiempo, las heridas de su cuerpo tardaban muchísimo en cerrarse y se notaba débil. De vez en cuando, Messmer la buscaba para presumir de sus progresos, pero ella lo rechazaba por ser un producto de la protagonista de sus pesadillas. El niño creía que lo odiaba por su llama, así que él se detestaba a sí mismo por poseerla.[98]

98. Orbe de Messmer: «Messmer odiaba su propio fuego. Una y otra vez deseaba librarse de él, pero este seguía ardiendo».

Cuando por fin logró conciliar el sueño aquella noche, Márika soñó con la Madre Informe transformando en yesca a sus hijos para hacer arder el mundo entero con ella. Cuando abrió los ojos, se la encontró en el cielo de su cama, habitando otra sombra y cambiando de aspecto al hacer enrollarse y desenroscarse a sus serpientes en la oscuridad. Harta, Márika juntó las manos y conjuró un luminoso encantamiento dorado que esperaba que sirviera para espantarla para siempre. El suelo tembló al tiempo que Márika rumiaba las palabras mágicas correctas. El ruido de las vigas crujiendo y las rocas de las paredes frotándose las unas contra las otras, despertó a Messmer.

El príncipe salió de su cama y entró en la alcoba de su madre armado con su lanza. Cuando vio la sombra, reconoció aquella sonrisa y la llamó «madre». Márika le gritó que ese ser no era su madre, que se marchara y que cerrara la puerta. Pero Messmer le aseguró que eso no era cierto, la llamó mentirosa y le dijo que la única que decía la verdad era ella, la Madre Informe, la Madre de la Verdad.

Márika se enfureció, y eso hizo que añadiera más energía de la cuenta al encantamiento. Concentró todo su poder y se lo lanzó a la sombra. El ser no se resistió. La Madre Informe sonrió una última vez y le anunció que sus esfuerzos eran en vano, pues ya era demasiado tarde. El encantamiento de Márika se transformó en unos finos hilos y, luego, en raíces doradas e incorpóreas que arrastraron a la Madre Informe a lo más profundo de la tierra,[99] más allá incluso de la profundidad a la que se hallaba el crisol.

Cuando la Madre Informe llegó al corazón del Reino de las Sombras, el mundo entero se estremeció. Un soldado llegó corriendo por los pasillos y le pidió a la diosa que saliera a las almenas de la torre a ver algo. Lo hizo junto con Messmer mientras Melina seguía durmiendo apaciblemente en su cuna. Lo que presenciaron los dejó a todos sin habla.

99. Favor Sanguino: «Encantamiento sagrado de Mohg, Señor de la Sangre. Clava el brazo en el cuerpo de la Madre Informe y, luego, esparce hemofuego para incendiar el área. Este encantamiento se puede lanzar mientras estás en movimiento. La Madre de la Verdad ansía el daño. Cuando Mohg se presentó ante ella, su sangre maldita ardió en llamas en lo más profundo de su ser y se obsesionó con la profanación en la que él había nacido».

Había crecido un segundo árbol bajo la sombra del primero, el Árbol Umbrío,[100] que era oscuro, como las intenciones y deseos de la Madre Informe. Sus ramas estaban cubiertas de afiladas espinas como cuchillas que se movían como serpientes, rajando la corteza de su tronco y liberando su savia sobre la región.

Era oscuro, pero también dorado, como la propia Márika. A diferencia del Árbol Áureo, el cuerpo del Árbol Umbrío estaba formado por una pareja de troncos entrelazados. Era la manera que había elegido la Madre Informe para burlarse de Márika, para recordarle que había sido ella en realidad la que había abrazado a su primer hijo al nacer.[101]

El nacimiento del Árbol Umbrío provocó el regreso inmediato de la voz de la Voluntad Dorada. Los Dos Dedos se presentaron ante ella y, esa vez, Márika tuvo que obedecer.

Antes de dejar atrás el Reino de las Sombras, Márika conjuró un poderoso hechizo. Se trataba de un velo[102] que ocultaría el Árbol Umbrío e impediría que su influencia llegase a las Tierras Intermedias, además de hacer muy difícil para un mortal común viajar desde una región hasta otra: tan solo alguien que poseyese la gracia de un dios lo conseguiría.

Márika conjuró un velo más, uno que haría imposible acceder a Enir-Ilim desde Belurat. Nadie vería al amanecer al Árbol Sombrío desde la Tierras Intermedias, ni viceversa. Y nadie volvería a usar la Puerta de la Divinidad.

Pero su hechizo no era infalible, pues lo creado por un dios el poder de otro dios lo podía deshacer. Así había ocurrido entre el Grandísimo y la Voluntad Dorada. Y así volvería a ocurrir.

100. Recuerdo del girasol sombrío: «El Árbol Umbrío es la sombra del Árbol Áureo. Nacido de caóticas ideas oscuras que retuercen y doblan su cepa hasta quebrarla».

101. Florecer de girasol sombrío: «Cabeza de la manifestación de un monstruoso girasol sombrío del Árbol Umbrío. Aunque también podría ser una simple flor que se usa como arma. Tal y como ocurre con el propio aspecto del Árbol Umbrío, un segundo tallo se aferra firmemente en torno al primero, como si fuese un tierno abrazo».

102. Velo de Imitador: «Cuando Godrick fue expulsado de Leyndell, capital del reno, este fue uno de los muchos tesoros que se llevó consigo. También recibe el nombre de 'Malicia de Márika'». Este objeto consume PC para que algo se convierta en otra cosa. Con este hechizo, el Reino de las Sombras cobrarían forma de mar desde las Tierras Intermedias, y viceversa.

A su lado, partieron Messmer, Hoarah Loux y Melina seguidos de un séquito de soldados entre los que se encontraba Gaius. Lo hicieron discretamente, sin decir adiós a todos los que una vez habían creído en ellos, porque sabían que habían fracasado en su papel como dioses.

## LA REINA DE LEYNDELL

A ojos de los habitantes de Leyndell, Márika era una diosa perfecta y pura. Nadie podía adivinar el dolor y el pesar que sentía. Las grietas en su piel sirvieron para que la Voluntad Dorada colocara en su interior el Círculo de Elden, alterando para siempre las reglas naturales del mundo. Una vez más, Márika no había sido otra cosa que el instrumento de alguien. Su poder había servido para amplificar el de la Voluntad Dorada y contaminar definitivamente con su oro el árbol del Grandísimo. Eso era lo que significaba el amor para los dioses exteriores. Eso y nada más.

Hoarah Loux fue ordenado oficialmente señor de Márika en las Tierras Intermedias y los Dos Dedos se aseguraron de que Serosh tuviera el poder suficiente para contener las pasiones del guerrero. De la sombra de la numen, nació Maliketh para protegerla y asegurarse de que jamás traicionara a la Voluntad Dorada.[103] Márika se dio cuenta de que Maliketh había sido creado con un arte similar con el que la Madre Informe había hecho brotar al Árbol Umbrío, algo que no la sorprendió, pues comprendió que todos los dioses eran igual de viles y retorcidos.

El Círculo de Elden que la Voluntad Dorada le instaló en el pecho estaba repleto de runas. Márika las analizó y tomó la runa de la muerte, arrancándola sin miramientos por pura rebeldía. Si ella

103. Esto ocurre en paralelo a lo que se narra en la página 62 de las *Los secretos de las Tierras Intermedias.*

estaba condenada a vivir atrapada, también lo estarían los demás habitantes del mundo. La muerte ya no sería una escapatoria para el sufrimiento. Entregó la runa a Maliketh para que la custodiara. De esa forma, cuando matara a los cornamentados, no morirían, por lo que podría matarlos una y otra vez, a ellos y a cualquiera, hasta sentirse saciada.

El Árbol Áureo le concedió el poder de entregar la gracia de la Voluntad Dorada a sus seguidores más fieles y, gracias a ello, constituyó un ejército. Los Dos Dedos le propusieron a grandes hombres para liderarlo, pero Márika eligió a Hoarah Loux. El guerrero adoptó el nombre de Godfrey para fingir que había decidido despreciar su pasado bárbaro.

Márika apartó a Messmer de la vida pública. Nadie en las Tierras Intermedias lo conocía, y mucho menos sabía que era su hijo. Godfrey se lo llevó consigo, y también a Gaius. Ambos combatirían como parte de la nueva unidad de los Caballeros del Crisol que Godfrey había creado. Su primera misión sería viajar hasta las montañas heladas y acabar con los gigantes que habían logrado vencer a los dragones tanto tiempo atrás. Así lo ordenó Márika, porque, como decidieron aquellos que eligieron seguir a Midra a costa de quedarse ciegos, la nueva reina de Leyndell ya nunca más sería cordero, sino lobo.

Messmer cumplió un papel fundamental en la guerra. Su fuego sirvió para convencer a los monjes que allí habitaban de que les enseñaran sus artes a los demás Caballeros del Crisol, lo que resultó clave en combate. Messmer fue muy elogiado por haber usado sus poderes para empalar con las raíces del Árbol Áureo a los gigantes. No obstante, aquello no eran en realidad las raíces del Árbol Áureo, sino las espinas y las zarzas del Árbol Umbrío, algo que Godfrey jamás reveló.[104]

La gente ya no moría, así que los espíritus de los finados, carentes de gracia, vagaban a sus anchas por los campos y ciudades. Los que habían dejado su cuerpo atrás no tenían problema para cruzar el velo creado por Márika, así que decidieron abandonar

104. Esto sucede en la página 71 de *Los secretos de las Tierras Intermedias.*

las Tierras Intermedias, atraídos por el crisol primitivo del Reino de las Sombras.

La creación del Árbol Áureo por parte de la Madre Informe había emponzoñado el crisol, propiciando el nacimiento de una nueva raza de seres: los sanguinemigos,[105] unas repugnantes criaturas rojizas y sin piel a las que les gustaba hacerse heridas y entregarle su sangre y dolor como obsequio a su hacedora.

La Madre Informe también fue objeto de adoración entre algunos ascetas de Belurat. Estos amaban el dolor, tanto provocárselo a sí mismos como a otros. Tras el fracaso con Márika y con Enir-Ilim sellado, se encontraban perdidos y rendirle pleitesía al Árbol Umbrío los consolaba. Así pues, decidieron rebanarle la cabeza a los vasallos de la ciudadela que cometieran algún crimen y entregarle a la Madre Informe su sangre a modo de ofrenda.

Elemer era uno de los verdugos destinados a esta tarea, pero desarrolló una filia particularmente extraña. Cuando en la torre se dedicaban a juntar cuerpos para generar poder y este se agotaba, la mezcla resultante se convertía en un cadáver petrificado. Elemer veía belleza en las mujeres que acababan así por la forma en la que la roca inmortalizaba su expresión de dolor, agonía y desesperación. Disfrutaba arañándose la espalda y el cuerpo con zarzas mientras las observaba: eso lo excitaba.

Cuando sus retorcidas pasiones fueron descubiertas, Elemer fue condenado a muerte. Pero, antes de ser decapitado con una espada ritual, la Madre Informe se materializó en una sombra e impidió el sacrificio. Ella era la diosa exterior de la verdad que se esconde en las heridas y el dolor, por lo que no tenía nada que reprochar a la conducta de Elemer. Este fue liberado en el acto y, en compensación, se quedó con la misma espada con la que iban a quitarle la vida. La envolvió en las zarzas y espinas de su salvadora y las convirtió en su símbolo. Desde aquel día, fue conocido como Elemer de la Zarza y fue seguido por otros ascetas que también encontraban placer en su retorcida forma de vida.

105. Tridente de sanguinemigo: «Arma de los sanguinemigos. Tres púas de hueso tallado atraviesan a la víctima y provocan hemorragias. Artefacto ritual para las ofrendas a la Madre Informe. A veces, los sanguinemigos derraman hasta su propia sangre con ella».

La Madre Informe los recompensó permitiéndoles cruzar el velo que separaba el Reino de las Sombras de las Tierras Intermedias. Lo hizo introduciendo su fuego en su sangre a través de las heridas causadas por las espinas: así les concedió su gracia. Ellos aceptaron el don y así nació la Casa Marais, en la Meseta de Altus.

El tesoro más preciado de Elemer era una estatua de una numen que se llevó consigo de cuya roca manaba un hedor que lo excitaba más que ninguna otra cosa. Solo deseaba volver a encontrarse algún día con alguna de ellas viva para hacerla sangrar y gozar con su pestilencia.

En las forjas, las cosas tampoco iban bien. Los herreros intentaron reproducir el ritual de la divinidad en sus hornos y lograron crear gólems de piedra, aunque, por desgracia, resultaron ser hostiles y expulsaron a sus creadores a puñetazos. Uno de ellos intentó enfrentarse a los gólems armado con un gigantesco martillo[106] que había creado siguiendo las directrices de las antiguas inscripciones herréricas, pero no sirvió de nada y solo le quedó huir con el arma.

Los gólems se adueñaron de las forjas y uno de ellos logró convertirse en dios porque el fuego del horno se enamoró de él y se convirtió en su señor.[107] Con el tiempo, estos no solo se volvieron los protectores de las forjas, también se dedicaron ellos mismos a la herrería, continuando el trabajo de sus creadores.

Asustados por los gólems y negándose a regresar a Belurat, pues la Madre Informe ejercía mucha influencia en el lugar, los herreros huyeron hasta llegar a una balsa de madera atracada en lo que creían que era el mar, pero se equivocaban. Aquello no era más que una ilusión producto del velo de Márika.

Se subieron a bordo con el martillo y las herramientas restantes y se hicieron a la mar, pues dudaban de que los gólems supieran

106. Martillo de Márika: «Martillo de piedra elaborado en las tierras de los númenes, más allá de la Tierras Intermedias. La herramienta con la que la Reina Márika destruyó el Círculo de Elden y Radagon intentó repararlo. El martillo se rompió parcialmente al destruir el Círculo y se dividió junto con fragmentos de runa».

107. Taylew, el herrero gólem: «Restos cenicientos en los que aún habitan espíritus. Úsalos para invocar el espíritu de Taylew, el herrero gólem. El espíritu de un fornido gólem de piedra que lanza sus propios puños como proyectiles. Aunque se decía que Taylew fue el más pequeño de la camada y el primero en dejar de moverse, terminó alzándose como la deidad guardiana de la forja».

nadar o flotasen. Por desgracia para ellos, un grupo de hormigas rojas gigantes que llevaban tiempo esperando esa oportunidad se abalanzó sobre ellos. Aunque poco podían hacer contra aquellas criaturas que usaban la putrefacción roja como arma, no se rindieron. Sin embargo, todos sus esfuerzos fueron inútiles. Cuando atravesaron el velo de Márika, los herreros desaparecieron sin más. En la barca, solo quedaron sus instrumentos y los insectos.

Las hormigas descendieron de la embarcación en las Tierras Intermedias y, confusas, se marcharon en busca de una nueva colonia a la que unirse. En la playa, escondido entre la arena y las tablas rotas de la embarcación, se había quedado el martillo llegado de las tierras de las númenes, el cual cambiaría el curso de la historia para siempre:[108] sería el que usaría Márika para reducir el Círculo de Elden a esquirlas.

La decadencia también llegó a las cárceles de los tarrotenientes. Aquellos tarros de los que habían brotado brazos y piernas crecieron, rompiendo su recipiente y reparándolo sucesivamente, y se volvieron cada vez más fuertes. Cuando comprobaron que eran más poderosos que sus captores, se organizaron y se rebelaron. Expulsaron a golpes a los carianos y a sus secuaces, y convirtieron su prisión en su hogar.

De entre todos ellos, destacó un tarro especialmente locuaz y valiente: Alexander. Consciente de que su fuerza provenía de la calidad de los trozos de carne de su interior, decidió viajar hasta las Tierras Intermedias en busca de nuevos guerreros que derrotar y sumar a sus entrañas. En su cuerpo, había trozos de numen, así que no tendría problemas a la hora de atravesar el velo de Márika.

Por su parte, Godfrey y Márika disfrutaron de un poco de paz tras la victoria contra los gigantes. Messmer había demostrado ser un guerrero capaz y se había ganado el respeto de las tropas. Sin embargo, Márika se seguía negando a mostrarlo en público. Lo obligaba a vivir escondido[109] y sin amor, y eso lo martirizaba. Se

108. Esta historia continúa en la página 110 de *Los secretos de las Tierras Intermedias*.
109. Esto es más un chiste que una aclaración, pero la historia de Messmer me recuerda mucho a la de Elsa en *Frozen*, solo que con fuego en lugar de hielo.

estaba dando cuenta de que no importaba lo mucho que se esforzase, ella jamás lo aceptaría.

La situación con Melina era diferente. Márika se deshacía en atenciones con ella, pero su hija las rechazaba: opinaba que era cruel por tratar a Messmer como hacía.

La reina había contratado los servicios del perfumista Thiollier para que tratase a su hijo. Con la excusa de que sus pociones lo ayudarían a dormir, lo que esta quería en realidad era que sus venenos extinguiesen su llama. Thiollier era uno de los miembros más destacados de su profesión. Los perfumistas operaban en la capital[110] y solo servían a las clases pudientes. En un mundo en el que no existía la muerte como tal, las drogas ayudaban a alcanzar lo más parecido a un descanso eterno; al menos, durante un tiempo.

Melina lo sabía, así que acudía a la cama de su hermano todas las noches y le impedía beberse los mejunjes de Thiollier. En lugar de eso, lo animaba a que encendiera su llama, y ella hacía lo mismo. Estos ratos eran el consuelo que ambos necesitaban, el único que tenían. Los dos hermanos disfrutaban observando el fuego del otro. En el corazón de sus llamas, existía un profundo abismo que los reconfortaba y los hacía sentirse iguales.

Márika sabía que necesitaba a un heredero para sucederla, el cual pudiera presentar al pueblo, así que volvió a acostarse con Godfrey. De su unión, nacieron Godwyn y los gemelos Morgott y Mohg. Cuando los tomó en sus brazos, el terror la dominó, pues en los rostros de los niños había cuernos incipientes, los mismos que lucían los cormanentados de Belurat.

Su velo no había logrado contener el Reino de las Sombras, y sabía de quién era la culpa, de la putrefacción roja que aún vivía en su interior. La Diosa Escarlata era la deidad que encarnaba la naturaleza viva, espontánea, salvaje e imparable, como Hoarah Loux le

110. Botella de perfume: «Botellas de cristal usadas por los perfumistas para sellar varios compuestos aromáticos. Receptáculo esencial para crear objetos en botellas de perfume. Antaño, el arte de la perfumería se ejercía exclusivamente en la capital, pero después de que los perfumistas fueran reclutados durante la Devastación, su arte se extendió por todas las Tierras Intermedias».

había explicado en su día. Si ese ser estaba en su sangre, ¿cómo iba a ser capaz de construir un muro infranqueable?

Márika se asustó, pues tuvo miedo de que sus hijos también se convirtieran en unos verdugos despiadados. Recordó el rostro desencajado de sus hermanas, haciendo de cimientos en la Puerta de la Divinidad,[111] y se juró que eso no ocurriría en Leyndell. Lo primero que hizo fue convocar a los más hábiles cirujanos para que les extirparan los cuernos. Al comprobar que volvían a nacer, y que habían empezado a brotar también en otros niños de la capital, ordenó que todos fueran exiliados a lo más profundo de Leyndell. No era consciente, pero había tomado la misma decisión que con la Madre Informe.

Esa misma noche, Márika descubrió lo que Messmer y Melina llevaban haciendo durante semanas. Se abalanzó contra el niño con todas sus fuerzas y, de un golpe, le arrancó el ojo y media cara. Allí, se la encontró a ella: en el interior de su hijo, se hallaba el abismo, la fuerza original de la Madre Informe. Márika no atendía a razones. Concentró su poder para aniquilar a su enemiga, pero Melina se interpuso entre ella y su hermano. Le pidió a su hija que se apartara y le dijo luego se ocuparía de ella, ya que era igual que su hermano. Sin mediar palabra, Melina se arrancó el ojo de la cara ella misma, demostrándole que se equivocaba, pero eso no satisfizo a la reina de Leyndell y, con un fogonazo de luz, la volatilizó.

La ira de Márika se disipó durante un instante y se dio cuenta de lo que acababa de hacer. Arrepentida, buscó consuelo en su hijo. Conjuró para él un Iris de la Gracia[112] y se lo colocó en la cuenca vacía. El dolor desapareció y la piel se curó gracias a la bendición del Árbol Áureo. Márika quiso extender sus brazos para abrazarlo, pero le resultó imposible. No era capaz de amarlo por mucho que

111. Página 77 de *Los secretos de las Tierras Intermedias.*

112. Iris de la Gracia: «Un iris bendecido con un encantamiento del Árbol Áureo. Ponlo en el ojo de otro para conceder la luz de la Gracia como una bendición fugaz. También se puede utilizar para recibir la bendición de una gran runa equipada. En el Reino de las Sombras, este artificio fue empleado por los sacerdotes del Árbol Áureo para calmar, de forma muy efectiva, los temores de su rebaño».

se esforzara. Debía mandarlo lejos o acabaría matándolo, como había hecho con su hermana.

Sin embargo, aunque el cuerpo de Melina hubiera desaparecido, su espíritu dorado y su llama no se perdieron. Juró que se vengaría de Márika por lo que le había hecho a ella, a su hermano y al mundo. Pero aún no era el momento. Para lograrlo, debería convertirse en el sol dorado de la noche más fría, ser la parte cálida de una princesa pálida que, como ella, desease que el mundo cambiase.[113]

En el estado en el que se encontraba, Márika era incapaz de atender a las exigencias de su puesto. Su juicio estaba nublado y jamás se había sentido tan débil. Por eso mismo, los dragones no pudieron elegir un mejor momento para atacar Leyndell. Márika bajó la guardia y permitió que la putrefacción roja de su interior tomara el control. La Diosa Escarlata cogió parte de su carne y brotó por sus heridas con una forma masculina. La criatura recién nacida se presentó como Radagon. Él se ocuparía de contener el ataque de Gransax y los suyos.

Pero no lo logró solo, sino con la ayuda de Godwyn, al que apodaban el Dorado. Juntos, expulsaron a los dragones, pero Radagon no se detuvo ahí. También ordenó la partida inmediata de Godfrey y sus Caballeros del Crisol, señalados por adorar el crisol de la vida en lugar de a la Voluntad Dorada. Se les retiró a todos la gracia de la Voluntad Dorada y se les prohibió regresar.

El día que Godfrey abandonó Leyndell, no sintió ninguna pena por dejar atrás la capital, pero sí se le encogió el corazón al recordar el día en el que una chica preciosa de cabello dorado había llegado a Rauh deseando escapar de todo, menos de él.

Radagon se convertiría en el consorte de Márika, ya que los númenes nacen de la misma carne y están destinados a amar la misma carne, porque eso es lo que entienden los dioses que es el amor: egoísmo.

113. Y, de esta manera, Melina y Ranni quedan unidas para siempre.

# EL EXILIO DE LA LLAMA

Al cabo de unos meses, Radagon viajó a Liurnia, hogar de los Caria y donde se alzaba la gloriosa Academia de Raya de Lucaria. Su objetivo era firmar un pacto de no agresión y de colaboración entre las dos potencias. Llevaba como escolta a Gaius, la mano derecha de Messmer en la batalla de los gigantes.

Aunque Márika odiase el poder de Messmer, Gaius lo envidiaba y deseaba obtener una fuerza similar. Esperaba lograrla aprendiendo más sobre la magia de los carianos. La visita culminó con un desenlace inesperado, la boda entre Rennala y Radagon, de cuya unión nacieron tres hijos: Rykard, Ranni y Radahn.[114]

Por desgracia para Rykard, una nueva serpiente creada por la Madre Informe tampoco tuvo problemas para atravesar el velo de Márika y tentarlo a él también.

Ranni fue convocada por los Dos Dedos, como le había ocurrido a Márika en su día. La voz de este ser resultaba irresistible, pero Ranni la desoyó y, en su lugar, juró que cambiaría el mundo para que los humanos no fuesen más que los juguetes de los dioses. Se dedicaría a ese cometido aunque tuviera que sacrificar su alma, aunque tuviera que matar a quien fuese, aunque tuviera que sumir el mundo en la oscuridad más profunda.[115]

Radahn creció escuchando las historias de Godfrey que le contaba Gaius. No tardaron en hacerse amigos y jugar juntos. Radahn era menor, pero compensaba su juventud con su gran altura. Deseando ser tan fuerte como su héroe, aceptó estudiar en la Academia de Raya Lucaria y, tras su formación, partir a Sellia para seguir mejorando, acompañado por Gaius. Juntos, aprendieron una de las más poderosas hechicerías de los Señores de Alabastro, la de la

114. Página 85 de *Los secretos de las Tierras Intermedias.*
115. Página 92 de *Los secretos de las Tierras Intermedias.*

gravedad.[116] Los dos mejoraban a gran velocidad gracias a la sana competencia que mantenían el uno con el otro.[117]

Creyendo que había completado su trabajo en Raya Lucaria, Radagon regresó a Leyndell. Al reunirse con Márika, no se encontró a una reina satisfecha por sus logros, sino a una mujer y madre devastada y torturada que se sentía culpable. Radagon le acarició el rostro y la abrazó. Nueve meses después, nacieron Miquella y Malenia.[118]

El cabello rojo de la niña hizo temblar a Márika, pues era como el de Messmer y el de Radagon. Temía que esta se aliara con su primogénito, como había ocurrido con Melina, así que decidió que lo mejor era expulsar a Messmer de Leyndell para siempre. Lo mandaría más allá del velo, al Reino de las Sombras con la misión de masacrar a los cornamentados y quemar el Árbol Umbrío. Si lo lograba, quizá la maldición que pesaba sobre sus hijos gemelos con cuernos desaparecería.

Messmer se tomó su petición como una última oportunidad de ganarse su cariño. Convocó a Gaius, que ya era mucho más fuerte gracias a que había entrenado durante tanto tiempo al lado de Radahn, pero este le pidió que lo dejara seguir formándose para serle de mayor utilidad en el futuro.

A Messmer se unieron muchos de los guerreros cuya confianza se había ganado al lado de Godfrey contra los gigantes y que aún contaban con la gracia del Árbol Áureo. Les retiró sus viejos uniformes y les entregó una nueva armadura. Muchos de ellos habían huido para no ser desterrados por Radagon, pero eso no le importó a Messmer, que había comprobado su eficacia en la batalla en

116. Lanza espada: «Pesada y capaz de ser usada con gran fuerza, esta arma demuestra todo su potencial cuando se usa con una montura. El propio Gaius no se separaba nunca de su jabalí. Habilidad: Embestida gravitatoria giratoria. Habilidad gravitatoria mejorada por los discípulos de un Señor de Alabastro. Elévate, gira y carga hacia delante. Vuelve a pulsar para seguir atacando».

117. Hojas de piedra: «Hechicería de manipulación de la gravedad del comandante Gaius. Arranca pedazos de roca en forma de cuchilla. Si se carga, aumenta su potencia. Gaius y Radahn fueron sanos rivales en su juventud, y esta hechicería es producto de su competencia amistosa».

118. Página 97 de *Los secretos de las Tierras Intermedias*.

la guerra contra los gigantes. Desde entonces, serían conocidos como Caballeros Negros.[119] Andreas era el líder del escuadrón.

El día que Messmer partió, su madre le entregó una botella con un líquido muy especial, la Bendición de Márika, que había preparado asesorada por los mejores perfumistas. Este la cogió con sus largos y pálidos dedos y le agradeció el gesto; era lo más parecido a una muestra de afecto que esta había tenido nunca con él.

Cuando sus fibrosas piernas rozaron la hierba dorada del Reino de las Sombras, Messmer se sintió de nuevo en casa. A lo lejos, se encontraba el Árbol Umbrío, retorciéndose en el horizonte. A sus tropas les pareció una abominación en comparación con la recta belleza del Árbol Áureo, pero él no opinaba lo mismo. Extendió las manos en su dirección, como queriendo acariciarlo, y lo llamó «Madre».

En el Castillo de Ensis, las cosas iban de mal en peor. Rellana se hizo eco del trauma que Radagon le había provocado a Rannala. Deseó poder irse del Reino de las Sombras para estar a su lado, pero le habría resultado imposible atravesar el velo de Márika. Por su falta de perspicacia, su reino estaba patas arriba. Sus soldados y magos habían sido diezmados, los tarros campaban a sus anchas y por fin había descubierto lo que ocurría en sus cárceles, y ella había permitido que todo eso sucediera.

Rellana se pasaba los días sentada a solas en una silla en lo más alto de su fortaleza. Como no sabía qué hacer, usaba la piscina redonda para capturar el reflejo de la luna y fingir que volvía a haber dos satélites en el cielo. Sus huestes la habían traicionado, por lo que no tenía soldados suficientes para luchar contra Leyndell, y en el Reino de las Sombras tampoco podía hacer demasiado. Aunque se decidiera a cargar contra Belurat, tampoco contaba con la fuerza suficiente para triunfar. Se le había hecho demasiado tarde para todo.

119. Andreas, comandante de los Caballeros Negros: «Los Caballeros Negros eran la fuerza principal del ejército de Messmer. Su primer líder fue Andreas, un hombre dotado de gran fuerza y dominio sobre los poderes del crisol y cuyo espíritu habita en estas cenizas. Aunque tras su huida del Árbol Áureo siguió siendo un devoto seguidor de Messmer, se rebeló tras conocer la naturaleza reptiliana de su señor. Por ello, fue encarcelado en una tumba subterránea».

Necesitaba un objetivo que le permitiese actuar en lugar de seguir devanándose los sesos, y ese objetivo acababa de llegar desde Leyndell. Messmer y sus tropas se habían asentado en el mismo edificio que había servido de refugio para Márika y Hoarah Loux, la conocida como Fortaleza Sombría.

El príncipe fue recibido con vítores por los antiguos seguidores de la numen que habían permanecido en el castillo. Messmer llevó comida para saciar a los hambrientos y armas para los que deseaban luchar. Antes incluso de instalarse en sus aposentos y refrescarse, envió a sus exploradores a inspeccionar la zona. Los informes le aseguraron que Belurat era un enemigo que debía tener en cuenta. Sus batallones de Bestia y Pájaro Divino eran poderosos, mientras que los Hojamaldita eran hábiles y escurridizos, por lo que, si quería acabar con todos ellos de un plumazo, debía usar la astucia, no la fuerza.

Por otra parte, aunque los carianos no estuvieran en su mejor momento, debían tener cuidado con el hechicero mecanista Rabbath. No solo había diseñado un portentoso cañón capaz de aniquilar batallones enteros con un solo disparo,[120] sino que, junto con su aprendiz, Seluvis, había desarrollado unos muñecos de aspecto humano que funcionaban gracias a un alma retenida en su interior, así como pájaros mecánicos que imitaban a las aves de la muerte.

Los rumores también aseguraban que un peculiar hechicero de nombre Ymir le había comprado a Rabbath dos de sus muñecas a cambio de una forma de atravesar el velo de Márika. Se llamaban Jolán y Anna.[121] Con la primera, se pagó el pasaje de Rabbath y con la otra, el de Seluvis. Nadie había vuelto a ver a Rabbath y de

120. Cañón de Rabbath: «Un tipo de cañón de tarro que se usa para disparar saetas grandes. Una obra maestra del hechicero mecanista Rabbath. El poder de las piedras refulgentes que envuelve al cañón imbuye las saetas de daño mágico y guía los disparos hacia los objetivos».

121. Cenizas de espíritus Jolán y Anna: «Espíritus de dos espadachinas de la noche, uno de ellos poseído por la muñeca del conde Ymir, Anna. Juntas, la espada de Jolán y las garras de Anna son como la noche más negra y penetran la guardia enemiga. Nacidas en una cárcel fría y desprovista de luz, Jolán y Anna fueron criadas para convertirse en las más aterradoras espadachinas de la noche, aunque este peso dejó sus corazones frágiles y maleables».

Seluvis se decía que se dedicaba a construir muñecos bonitos para los príncipes y las princesas de Raya Lucaria, aprovechando todo lo que había aprendido de su mentor.

Aunque los dos mecanicistas hubieran desaparecido, habían dejado sus ingenios esparcidos por el Reino de las Sombras. Messmer contempló su propia llama y sonrió con malicia. Él también crearía monstruos mecánicos y serían tan grandes y temibles como los gigantes contra los que él había luchado en la nieve, pues los alimentaría con su propio fuego.

No obstante, esa no era la cuestión. El problema era encontrar la argucia adecuada para acabar con Belurat sin bajas. Por suerte, ese inconveniente se resolvió por sí solo cuando sus soldados llevaron ante él a dos perfumistas. Messmer no se sorprendió al encontrarlos por el Reino de las Sombras, pues contaban con la gracia del Márika, con la que trabajan en Leyndell; además, para encontrar ingredientes con que crear sus drogas, debían viajar por el mundo sin parar.

El príncipe les ordenó preparar un veneno[122] que, vertido en el depósito de aguas de la torre, hiciese enfermar a sus habitantes y los convirtiese en monstruos. Eso sí, debía ser una miasma sutil, una peste que no se transmitiese a otros que no fueran de Belurat. A cambio, Messmer olvidaría que uno de ellos lo había querido intoxicar de niño y les perdonaría la vida. También solicitó que le prepararan una sala de experimentos en la planta baja de la Fortaleza Sombría con camas listas para alojar a todos los pacientes posibles.

Tras ello, partió en busca de las fraguas abandonadas por los cornamentados. Como él era de fuego, no tuvo problema en conseguir gobernar a los gólems que vivían rodeados de calor y hornos incandescentes, a los que necesitaba para que fabricaran a sus gigantes, y ellos accedieron con gusto.

En lo más profundo de una de las fraguas, Messmer encontró una gota de savia del Árbol Umbrío cristalizado en forma de

122. Botella de perfume de veneno mortal: «Botella de perfume personalizada por Thiollier. Los ataques liberan un polvo perfumado de veneno letal. Algunas técnicas del arte del perfume emplean veneno. Al tener noticia de ello, Thiollier se consagró a dominarlas hasta hacerlas suyas».

lágrima. El color era el mismo que el de su llama[123] y se preguntó cómo era posible. Tenía entendido que la savia del Árbol Áureo era dorada o cerúlea. Entonces, ¿qué relación existía entre el Árbol Umbrío y el Áureo?

Los gólems empezaron a trabajar para el príncipe de Leyndell. Messmer exigió que todos los gigantes que produjeran se firmaran incrustando el rostro de un gólem de piedra en su cuerpo: así todo el mundo sabría que él era el dueño de las fraguas. Pidió que estos rostros estuvieran rodeados de cuernos para que quedara claro a por quiénes iba.

Mientras los gigantes se hallaban en plena producción, los hombres de Messmer aprovecharon para posicionarse en sitios estratégicos por todo el territorio. Rennala también se convirtió en su objetivo, y el Castillo de Ensis quedó sitiado.

Los perfumistas cumplieron y crearon la fórmula que Messmer les había pedido. Aprovechándose de la conocida soberbia de Belurat, idearon una plaga que no se extendía entre aquellos que ayudaban a los enfermos. Nadie soberbio se dignaría a cuidar a alguien con problemas, así que el diseño era perfecto. Como premio, recibieron una gota de la Bendición de Márika. Cuando los perfumistas dejaron caer la gota en la tierra, de ella nació un pequeño Árbol Áureo, similar al de la Aldea del Chamán. Quedaron satisfechos con el pago, pues de él podrían obtener los mejores materiales para sus drogas.

Messmer viajó a Belurat solo y desarmado. Se presentó en sus puertas como el hijo de Márika y estas se abrieron para él. Los ascetas creyeron que la llegada del príncipe significaba que la diosa que ellos mismos habían creado deseaba ayudarlos y le sirvieron potaje de escorpión,[124] pues al hijo de la diosa de las heridas había

123. Lágrima chupasangre agrietada: «Una lágrima de cristal formada lentamente con el paso de los años, donde la savia dispersa del Árbol Umbrío se acumula en las profundidades de la fragua del gólem. Puede mezclarse en un vial de médika milagrosa. El brebaje obtenido aumenta temporalmente la potencia de ataque, pero consume los PS con el tiempo».

124. Potaje de escorpión *gourmet*: «Escorpión cocido en una sopa negra. Un exquisito plato lleno de deliciosas pinzas de escorpión. Aumenta la negación de daños físicos temporalmente y restaura gradualmente una gran cantidad de PS. Los pensamientos y sentimientos del cocinero se funden y mezclan en el guiso, aunque pocos saben distinguir el sabor del amor. Come, come hasta saciarte».

que brindarle la mejor de las atenciones. Messmer los embaucó: les aseguró que él y sus Caballeros Negros se encontraban en la región por orden de Márika para eliminar a los carianos, a los tarros y a los ingenios de Rabbath. Mientras él los convencía de esto, uno de sus hombres de confianza se encargaba de verter el contenido de la pócima de los perfumistas en el depósito de agua.

A las pocas horas de que Messmer partiera, el veneno contaminó el agua potable, tiñéndola de amarillo, y al cabo de unos días comenzaron las mutaciones. Los primeros en transformarse fueron los siervos y la plebe; luego, los habitantes de los pueblos aledaños de la torre que se abastecían con el agua que salía por sus alcantarillas, y, por último, la enfermedad de la mosca[125] fue contraída por los nobles.

El veneno de los perfumistas era muy ingenioso: invocaba para el infectado los rasgos de la mosca que existían en el crisol. La infección se expandió con gran virulencia por Belurat. Los que se convertían en una suerte de hombre mosca atacaban a los que estaban vivos, y los que todavía no se habían transformado no se molestaban en cuidar a los enfermos, solo en huir o contratacar.

Messmer disfrutaba desde su atalaya contemplando lo que ocurría en la ciudadela, pues sabía que la crueldad de su plan agradaría a su madre. Desde el Castillo de Ensis, Rellana seguía los eventos con terror, pues ella sería la siguiente.

Con Belurat asolada por la enfermedad, Messmer mandó a sus tropas a acabar el trabajo. Los Caballeros Negros no sabían que la ciudad había sido infectada por la plaga de la mosca. Andreas esperaba enfrentarse a hombres armados que le proporcionarían una lucha justa, pero lo que se encontró al otro lado de las murallas no eran más que enfermos rogando por su vida.

Messmer liberó su llama y ordenó a los Caballeros Negros que dejaran a un lado la piedad, pues estaban librando una cruzada santa contra los seres más impuros de la existencia, y contra ese

125. Talismán de efecto: «Cuando los débiles contraían la temida enfermedad de la mosca, morían mucho antes de sufrir la metamorfosis. Curiosamente, quienes cuidaban de los infectados y les procuraban sepultura jamás se veían afectados».

tipo de calaña no existía la compasión.[126] Así pues, estos se dedicaron a empalar y a masacrar a niños, mujeres y hombres débiles y enfermos. Por su parte, Messmer desató su llama en forma de bombas explosivas contras los muros y las almenas, y la ciudad cayó. La Madre Informe recorrió las calles de Belurat saltando de sombra en sombra, disfrutando de cada herida, cada corte y cada derramamiento de sangre.

Muchos de los hombres de Andreas perdieron el juicio aquel día, pues estaban seguros de que oían la voz de una serpiente ordenándoles matar, y obedecieron. La Madre Informe apareció en sus sombras e introdujo sus serpientes en sus cuerpos. Así fue como, en el fragor de la batalla, nacieron los Caballeros de Fuego de Messmer.

Las unidades de Bestia Divina y Pájaro Divino se sumaron tarde a la batalla, pero no podían permitir que el príncipe llegara hasta donde se ocultaba Enir-Ilim. Conocían la fuerza de la llama de la Madre Informe y sabían que era suficiente para derretir el velo de Márika y acceder a la Puerta de la Divinidad. Paradójicamente, les convenía que el hechizo de su enemiga se mantuviera intacto, por lo que lo protegerían.

Las tropas de élite de Belurat eran fuertes y tan hábiles como los Caballeros de Fuego y los Caballeros Negros. Con determinación, consiguieron impedir el ascenso de Messmer hasta la frontera con Enir-Ilim. El príncipe decidió retirarse, satisfecho con todo lo que había conseguido. Lo cierto era que no necesitaba seguir combatiendo, pues era mucho mejor ver a todos los cornamentados transformándose en asquerosos hombres mosca. Al salir de la fortaleza, liberó a los gigantes creados en las fraguas, que sitiaron Belurat, impidiendo que nadie entrara o saliera de sus muros.

Muy lejos de allí, Jolán y Anna, las muñecas guerreras que Rabbath le había regalado a Ymir, comenzaron a plantearse quiénes eran. ¿Cuál era su papel en esos nuevos tiempos de guerra? ¿Qué

126. Insignia de cruzada: «Talismán con una lanza alzada sobre un fondo llameante, en recuerdo de los caídos en la cruzada sagrada liderada por Messmer. Aumenta la potencia de ataque tras derrotar a un enemigo. Los cruzados olvidaron el honor y la piedad para empalar y quemar sin misericordia a quienes consideraban impuros. Quienes se sentían estimulados por los gritos de muerte eran los mismos que abogaban por la santidad de la campaña».

debían sentir ante tanta muerte y destrucción? Jolán decidió que esa respuesta estaba al lado de Ymir y de la fe, pero Anna prefirió partir hacia la torre en la que Rabbath guardaba todo lo que había aprendido de los tarros: estaba decidida a seguir el camino de la ciencia para entender qué eran ellas en realidad. La despedida fue muy dura para las dos. Creían que solo se tenían la una a la otra y que ambas eran iguales, pero descubrieron que su forma de ver el mundo y de buscar respuestas difería demasiado.

Rellana decidió dejar de aguardar a que Messmer marchara con sus tropas contra ella y viajó hasta la Fortaleza Sombría para tener una audiencia con él e intentar llegar a un acuerdo. Acudió vestida con su armadura y con la espada que la acompañaba desde niña. La banda azul cerúleo que colgaba de su pecho constataba que era cariana, por lo que esperaba que le sirviera la vieja amistad entre ambas casas conseguida por Radagon y su hermana.

Como apareció sola, le permitieron pasar. Se reunió con Messmer en sus aposentos, pero él no se dio cuenta de su presencia, ya que parecía estar hipnotizado observando la estatua de una mujer que sonreía abrazada a su hijo. Rellana carraspeó y Messmer salió de su ensimismamiento. Agitando su filo, la princesa lo desafió a un combate singular. Le propuso que, si ella ganaba, dejarían en paz el Castillo de Ensis y que si, por el contrario, triunfaba él, el príncipe de Leyndell, le entregaría su espada y su propia vida.

Messmer aceptó. Tomó una espada similar a la de Rellana y se situó ante ella en postura de guardia. Con un hábil impulso, la princesa se plantó ante sus narices, giró sobre sí misma y le lanzó un potente mandoble. Él, aprovechando su ágil constitución, se zafó saltando hacia atrás. Rellana apretó los dientes y conjuró el poder de las lunas gemelas. Messmer comprendió que su adversaria iba en serio, así que acarició su arma y la embebió con el poder de su fuego sanguinario.

Cuando las lunas estuvieron a punto de tocarlo, Messmer las golpeó con su llama con la intención de deshacerlas, pero lo único que logró fue provocar una explosión que los propulsó a los dos contra paredes opuestas. Messmer se levantó apoyándose sobre su arma, cosa que consiguió un instante antes de que Rellana se

incorporase, por el mero hecho de que él no vestía una pesada armadura. Le arrebató el casco con un golpe de la parte roma de su arma y, entonces, le vio la cara: su piel pálida y sus ojos ojerosos lo cautivaron. El príncipe percibió en su mirada y en su rostro un sufrimiento muy similar al que él mismo había experimentado durante toda su vida.

Rellana aprovechó la oportunidad y le propinó una patada que lo hizo retroceder, pero Messmer era rápido. Apoyándose sobre un pie, salió propulsado hacia su adversaria y le apretó el filo a la altura del gaznate. Siendo consciente de que no podría vencerlo, jugó la única carta que le quedaba: le aseguró que sabía por qué Márika odiaba en realidad a los cornamentados y que se lo mostraría.

La propuesta pilló desprevenido a Messmer, que nunca se había planteado el motivo de la inquina de su madre. Así pues, envainó su arma y aceptó, pero le aseguró a Rellana que, si no le convencía lo que le mostraba, se cobraría su vida, tal y como habían acordado. Ella lo condujo a las cárceles gélidas que habían sido tomadas por los tarros vivientes. Uno de ellos estaba roto y algo parecido a una mujer mezclada con otros tantos trozos de carne caminaba con él a sus espaldas como si fuera un caracol. Messmer identificó en el rostro de esa mujer el de su madre y Rellana se lo explicó.

Tras conocer el destino de las númenes, Messmer le pidió a la princesa cariana que lo ayudara a trasladar todos los cuerpos que pudieran a la Fortaleza Sombría. Allí, había dispuesto una serie de camas para capturar cornamentados e investigar el origen de su poder, pero hallar una manera de revivir a las númenes parecía un fin más adecuado para ganarse el afecto de su madre, por lo que dejó al cargo de la misión a sus mejores sabios.

Estos dedicaron una gran parte de las instalaciones a construir un Almacén de Especímenes. Reunieron cuernos de los cornamentados que habían matado en Belurat, tablillas de piedra con conocimiento ancestral dejadas por los monumentales, animales y monstruos que contaban con cuernos. A esa función no se dedicaba ningún Caballero Negro, sino miembros selectos de los Caballeros de Fuego, pues la influencia de la Madre Informe les otorgaba una sabiduría especial y sibilina. Andreas comenzaba a comprender que ni ellos ni Messmer eran guerreros normales y corrientes; de hecho, sospechaba que ni siquiera eran humanos.

Rellana no se separó del lado de Messmer ni un solo día. Al principio, lo ayudaba para ganarse el favor de Leyndell e impedir que el Castillo de Ensis fuera arrasado, pero ella también acabó sintiendo algo por él. Creyó que se trataba de amor, aunque se convenció a sí misma de que no era eso, sino de una mezcla entre piedad y culpa. No pudo salvar a Rennala, pero quizá sí lograra salvar a Messmer y, con ello, llevar algo de paz a las Tierras Intermedias y al Reino de las Sombras. Sí, era eso de lo que se trataba.

Durante un mediodía tan común como cualquier otro, Messmer se arrodilló ante Rellana en la Fortaleza Sombría tras una larga jornada de trabajo asistiendo a las númenes enfermas. Sacó su espada del cinto y se la ofreció, pero ella no comprendía qué pretendía el príncipe con aquel gesto. Messmer le dijo que ya no hacía falta que le entregara su vida, pues lo que le había mostrado y la forma en la que lo había ayudado era más que suficiente para contar con su amistad. Rellana tomó la espada de Messmer y, al contacto con su mano, el acero se prendió[127] con la llama del príncipe. Con su diestra, alzó también su propia espada y las colocó a las dos juntas, comparándolas. La cariana emitía una luz tenue, serena y ominosa, mientras que la de Leyndell era brava, retorcida y oscura. Sin embargo, y pese a ser tan distintas, las dos parecían entenderse bien. El

127. Espadas gemelas de Rellana: «Espadón ligero cariano incrustado con piedras refulgentes azules. Arma de Rellana, la Caballera de la Luna Gemela. Al usar ambas manos, la izquierda empuña una espada recta grabada con una llama dorada. Aquí, y solo aquí, estuvieron juntos la luna y el fuego».

fuego de una animaba a la otra y el brillo tranquilo de la de Rellana calmaba las rabiosas llamas de la de Messmer.

Rellana dejó de engañarse a sí misma, pues aquello sí era amor. Se dio cuenta de lo mucho que necesitaba que alguien estuviera en sintonía con ella, aunque fuera tan diferente. Pero Messmer no sentía lo mismo; en lo único en lo que pensaba era en complacer a su madre para que lo volviera a abrazar, en volver a sentir ese abrazo que el artista había inmortalizado en la primera escultura de Márika.

Mientras Messmer seguía enfrascado en su investigación, los hombres mosca fueron expulsados de Belurat, en un vano intento de volver a la normalidad. Solos en el Reino de las Sombras, evolucionaron hasta alcanzar la forma de plaga. El crisol les proporcionó patas más robustas y numerosas, alas y aguijones. Buscaron un nuevo hogar y eso los condujo a Rauh. En la iglesia rodeada de preciosas flores escarlata, encontraron a una nueva madre en Romina, Santa del Brote,[128] y en la Diosa Escarlata.

128. Lanzas de plaga: «Habilidad de las plagas conocidas como Ancestro de la Putrefacción que, ahora, se usa como encantamiento. Segrega numerosos hilos pegajosos y, luego, los retuerce para crear dos lanzas, que propulsa hacia delante. Si se carga, aumenta la potencia. Las plagas son siervos abandonados, y es por ese motivo por lo que encontraron una madre en la Santa del Brote».

De entre todos los hombres mosca, hubo uno que se resistió a transformarse en plaga y, en su lugar, adoptó una forma más humanoide: Moore. Se hizo con una armadura hecha de un extraño material, el verdín, y se la puso, jurándose a sí mismo encontrar la manera de curar a sus hermanos; quizá, algún dios amable y gentil le tendiese la mano algún día y lo ayudase. En el verdín de su casco, le pareció encontrar uno.[129]

En el Almacén de Especímenes de la Fortaleza Sombría, se acumulaba más conocimiento cada día que pasaba. La Madre Informe suministraba iluminación a los sabios de Messmer y los guiaba para que consiguiesen técnicas más malévolas y dolorosas de obtener respuestas. El príncipe mandaba a mensajeros a diario hasta Leyndell para informar a su madre de sus progresos, pero nunca llegaba ninguna respuesta. Messmer les exigió a sus investigadores que obtuviesen algún éxito, pues pensó que, hasta que no lograra algo así, Márika no le haría caso. El sabio Wego intentó resucitar a las almas condenadas en los tarros usando el fuego de Messmer, pero no logró nada,[130] tan solo carbonizarlos.

Messmer se impacientó. Cada vez que el mensajero regresaba sin respuesta, su furia crecía y las serpientes de su interior se volvían más fuertes y manifiestas. Rellana, siempre a su lado, intentaba calmarlo con caricias y halagos, pero nada de eso lograba consolarlo.

Un día, harto del silencio de su madre, Messmer oyó un susurro procedente de una sombra lejana. Siguiendo la voz, llegó a la escultura de Márika en la que aparecía abrazándolo. El príncipe se llevó las manos a la cabeza gritando y notó en su interior a una serpiente enroscándose. Tomó su lanza y apuntó con ella a esa sonrisa de piedra y a esos brazos cariñosos que tanto lo torturaban.

129. Casco de verdín: «Casco fabricado con un metal poco común conocido como verdín. Se dice que el verdín es el regalo de un dios procedente del exterior. Gracias a su óxido presente de forma natural, resulta robusto a la par que flexible».

130. Casco de máscaras de la muerte: «Casco de Wego, anciano de los Caballeros de Fuego. Son dos máscaras de la muerte deformes y superpuestas. Reduce los PC utilizados para invocar espíritus. Consumido por la soledad, Wego acudió a la espiritualidad de la llama de Messmer y la usó en un ritual de resurrección. Sin embargo, los cuerpos sin alma que trajo de vuelta a la vida no le aportaron el consuelo que esperaba».

Sin embargo, los susurros regresaron, esa vez desde la oscuridad proyectada por la propia estatua. Messmer los escuchó. Le revelaron la verdad, que aquella no era su madre, que Márika no había sido quien lo había engendrado y que por eso jamás lo amaría. Messmer se volvió loco, pues sabía que aquello era cierto. Lo había sabido desde que su madre había hundido en las profundidades a aquel extraño ser que se había presentado en su alcoba. Siempre lo había sabido, pero jamás había querido creerlo.

Recorrió la Fortaleza Sombría a gritos y, cada vez que abría la boca, una serpiente salía de ella para sumarse a su voz. Con su arma, le arrancó la cabeza a cada estatua de Márika que encontró. Convocó de inmediato a sus Caballeros de Fuego y los obligó a recorrer el Reino de las Sombras haciendo lo mismo, porque su madre le había mentido, porque su madre era otra. La verdadera era la que siempre lo había querido, la que lo había abrazado al nacer, y esa no era Márika.

Los susurros lo guiaron por la Fortaleza Sombría hasta un patio al que nunca había llegado antes. Se adentró en él y siguió avanzando hasta alcanzar el nacimiento del Árbol Sombrío, con Andreas siguiéndolo de lejos, preocupado por la deriva de su señor. Debía quemar el árbol, aquellas habían sido las órdenes de su madre: que se convirtiese en yesca y redujera el Árbol Sombrío a cenizas, pero ¿qué madre que ame a su hijo le pide que se sacrifique para quemar un árbol?

La Madre Informe se manifestó ante él desde dentro del tronco y le pidió que se retirara de la cara el Iris de la Gracia. Messmer no lo dudó, pues habría hecho lo que fuera por el abrazo de su madre. La sangre del príncipe entró en combustión, formando un remolino ardiente. Las serpientes primigenias se liberaron y salieron del oscuro abismo que crecía en el interior de Messmer. Eran enormes, fuertes y con colmillos afilados. La Madre Informe extendió los brazos para recibirlos, pues estas eran sus hijas y Messmer su descendiente.

Rellana apareció de la nada y vio en lo que Messmer se había convertido. Se lanzó sobre él y lo abrazó con todas sus fuerzas, implorándole que se detuviera y que contuviese su rabia. Le dijo que él no era un monstruo y que juntos encontrarían una solución.

Las serpientes primitivas regresaron a su cuerpo, al fondo de su abismo. Rellana las selló volviendo a colocar el Iris de la Gracia en la cara de Messmer. El príncipe recobró el aliento, la miró y apoyó su cabeza sobre su hombro, sudando. Rellana había hecho algo más que calmarlo. Su cariño había hecho mutar a una de sus serpientes, transformándola en una muy pequeña alada;[131] a diferencia de las otras, esa parecía inofensiva. Solo con mirarla, Messmer sintió paz, pues en sus ojos se encontraba la bondad de Rellana. Al ver al reptil revolotear a su alrededor, sonrió sorprendido y le dijo a la princesa que con esas alas podría llegar hasta a la luna que ella tanto amaba.

Rellana lo acompañó a su dormitorio, lo desnudó y lo tumbó en la cama, pero no se metió en ella con él. Sabía que él no la quería y que nunca lo haría, pues el corazón del príncipe estaba destrozado y era irreparable. Ella ya no amaba a la luna, sino a él, y ese era un peso que debía llevar sola. Entristecida, regresó al Castillo de Ensis, llevándose consigo la espada que Messmer le había regalado.

Andreas presenció toda la escena y supo lo que era Messmer de verdad: un monstruo, una serpiente gigante aliada de los dioses exteriores. Mandó un emisario urgente a Leyndell para contárselo a Márika.

131. Casco de serpiente alada: «Casco de Kood, capitán de los Caballeros de Fuego. Hay una serpiente alada posada encima. Mejora las habilidades de los Caballeros de Fuego. La serpiente alada es el animal simbólico de las tropas militares de Messmer. Es una sabia amiga que mantiene a la serpiente primitiva a raya y controla su poder».

Márika convocó a Gaius y le entregó una nota. Este viajó con ella montado sobre su inmenso jabalí de guerra y atravesó el velo merced a su gracia. Cuando llegó a la Fortaleza Sombría, ató a su animal en las cuadras y subió las escaleras hasta llegar a la habitación en la que descansaba Andreas para entregarle la misiva de la reina. El general de los Caballeros Negros la leyó y, al llegar al final del último párrafo, hizo añicos la carta y lanzó los restos por la ventana. Antes de que los trozos de papel tocaran la hierba del exterior, tanto Andreas como Gaius notaron algo distinto: Márika les acababa de retirar su gracia, a ellos y a todos los soldados que seguían a Messmer.[132] Leyndell los había abandonado: ya no podrían irse jamás del Reino de las Sombras.

## EL NIÑO DE LOS SUEÑOS

Como los demás hijos de Márika, Miquella y Malenia también habían nacido malditos. Él no envejecía y ella estaba afectada por la putrefacción roja.

Miquella era un muchacho hermoso de tez pálida y cabellos tan dorados como los de Márika. Era la viva imagen de las númenes de la Aldea del Chamán. Le gustaba estar con su madre y consolarla, pues ella parecía estar siempre enfadada. Siempre que la notaba triste, se acercaba a ella con un peine y se sentaba sobre su regazo. Márika disfrutaba peinando su larga melena y trenzando sus mechones rubios, tal y como la matriarca había hecho antaño con los suyos. Mientras lo hacía, se dejaba embargar por la nostalgia

132. Casco de Messmer: «Las serpientes aladas eran las eternas compañeras de Messmer. Estuvieron ahí cuando la serpiente básica fue sellada tras su ojo. Estuvieron ahí durante toda su eternidad de sufrimiento. Y le seguirán acompañando en esta grotesca forma nueva, que nació tras destruir la Gracia otorgada por su madre. Las serpientes han aceptado su destino».

y, de manera inconsciente, de su boca salían historias sobre aquel tiempo lejano.[133]

Sus relatos ayudaron a Miquella a entender por qué su madre sufría tanto, de qué forma había pecado al aceptar el trato con la serpiente y que los cornamentados habían cometido la peor de las felonías: creer estar a la altura de los dioses. A su lado, entendió la naturaleza y aprendió las extrañas reglas de este mundo. Supo ver que el ser humano está compuesto de muchas versiones de sí mismo enfrentadas, que no son otra cosa que la suma de todas las experiencias que vive, tanto de lo bueno como de lo malo, tanto de lo humano como de lo divino. Miquella examinó su cuerpo parte a parte; escudriñó su carne, su corazón, su brazo izquierdo y derecho, sus ojos, sus miedos y su corazón, y vio mezquindad, arrogancia y pecado en cada trozo.

Su madre también le habló de la Puerta de la Divinidad y del conjuro que había usado para ocultarla junto con el Reino de las Sombras, de las espirales de los cornamentados, del ritual y de los días en los que se había permitido amar a un gentil bárbaro que habitaba en Rauh. Cada vez que le contaba alguno de estos asuntos a su hijo, su piel se resquebrajaba un poco más, como si las partes de su cuerpo, en liza eterna, desearan separarse para siempre, cansadas de intentar comprenderse.

Miquella aprendió a amar a su madre a base de sentir lástima por ella y entendió que todas las decisiones equivocadas que esta había tomado habían sido a causa de sus partes pecaminosas y retorcidas. Las heridas de su piel habían sido provocadas por esos trozos deseando separarse. Aquel día, Miquella juró que se despojaría de todos esos pedazos malévolos de su propio cuerpo y se convertiría en un dios puro capaz de arreglar todo lo que su madre

133. Recuerdo del Injertado: «Recuerdo de Godrick, el Injertado, tallado en el Árbol Áureo. El poder de su homónimo puede ser liberado por la Lectora de Dedos. De forma alternativa, se puede utilizar para obtener una gran cantidad de runas. Un hombre débil que ansiaba adquirir poder mediante la grotesca práctica de la realización de injerto. Algún día volveremos juntos a nuestro hogar bañado en rayos de oro». Por esta descripción, sabemos que Márika le hablaba a su descendencia de la Aldea del Chamán. Godrick también tenía un cabello parecido al de las númenes.

había hecho mal.[134] Con su sacrificio, haría del mundo un lugar más acogedor, más amable y dulce.

Porque la entendía, no sufrió cuando su madre ordenó que tanto él como Malenia se fuesen de Leyndell.[135] Se marcharon con Radagon y, durante el camino, Miquella mostró interés en los encantamientos que su padre conocía, pues sabía que los necesitaría para resquebrajar su cuerpo, hacerse puro y cumplir con sus planes. El muchacho se tomó la partida como un viaje para saber más sobre las distintas facetas que conformaban su ser y fortalecerlas. Cuando las dejara atrás, quería que sirvieran de ejemplo para otros, que se convirtieran en faros para guiar a aquellos que vivían en las sombras.

Durante el viaje, se toparon con un grupo de criaturas diversas y personas abandonadas por la gracia de Márika que se habían organizado bajo el nombre de Congregación de Santa Trina, quienes vieron en Miquella a quien estaban buscando para convertirse en su señor. Este se entregó a su fe en los sueños y durmió por ellos. Y, allí, en el reino onírico, se encontró con la mismísima diosa Santa Trina. Le abrió su corazón y le permitió formar parte de él. Cuando abrió los ojos, supo que ambos se habían convertido en un mismo ser.

Santa Trina aumentó el poder de Miquella, que este combinó con lo aprendido con Radagon y lo aplicó en Malenia. El cuerpo de su hermana se caía a trozos por culpa de la putrefacción roja[136] y él sabía que podía ayudarla. Así, creó una espiral como la que según Márika usaban los cornamentados para invocar la fuerza del crisol y convocar nueva piel para ella. Solidificó la espiral, dándole apariencia de aguja, y recorrió con ella el torso y la cara de Malenia, logrando que la influencia de la putrefacción roja se volviera menos intensa. Miquella no le dijo la verdad a su hermana, no le contó que había usado el poder de unos seres tan maléficos como los cornamentados. Prefirió decirle que la aguja era un instrumento que

134. Gran runa de Miquella: «Miquella partió a por la torre envuelta en sombras, abandonándolo todo: su carne dorada, su fuerza cegadora, incluso su destino. Todo ello, en un intento de enterrar el pecado original. Para abrazarlo en su totalidad y renacer como nueva deidad».
135. Página 97 de *Los secretos de las Tierras Intermedias.*
136. Página 111 de *Los secretos de las Tierras Intermedias.*

condensaba el poder de lo dorado. A ella le agradó la explicación, pensando que era la gracia de su propia madre la que la estaba ayudando a mejorar.

Miquella comenzó a urdir un plan para obtener las piezas que necesitaba a fin de cumplir con su ritual de transformación en dios. Necesitaba un alma fuerte que hiciese de puente con lo espiritual y también un señor que sirviese de anfitrión para esa alma que lo amase. Contar con Santa Trina en su interior le permitía hablar con otros a través de sus sueños, por lo que se arrodilló y entró en trance. Viajó hasta el reino onírico y se desvió hasta la mente del hombre más fuerte que conocía, Radahn.[137, 138] Su hermanastro rechazó su invitación repugnado, y eso ofendió a Miquella.[139]

Por suerte para él, de Radahn solo necesitaba su espíritu, así que le pidió a su hermana un favor. Cuando él ya no estuviera, debía enfrentarse a su hermanastro y separar su carne de su alma.[140] Ella aceptó, pues haría cualquier cosa por Miquella.

Miquella siguió recurriendo al reino onírico con el objetivo de invadir el sueño de aquellos que necesitaba reclutar para cumplir con su propósito. Santa Trina, que se había enamorado de él, sufría cada vez que lo hacía, pues lograr transformarse en dios no le iba a proporcionar más que dolor.[141]

De este modo, viajó hasta la mente de Leda. La guerrera fue la primera en convertirse a su causa como Caballero de la Aguja.[142] Su primera misión sería encontrar a futuros guerreros que

137. Recuerdo de un dios y un señor: «En su infancia, Miquella ya veía en Radahn a un señor. Su fuerza y bondad contrastaban con su alma afligida. Y así Miquella formuló su más sincero deseo, que Radahn fuera algún día su rey consorte».
138. En la escena final del juego, Miquella dice: «Señor hermano. Voy a ser un dios. Si honramos nuestra parte del juramento, prométeme que serás mi consorte. Haré del mundo un lugar más acogedor».
139. Luz de Miquella: «Miquella buscaba aceptar todo lo que fue y lo que será, pero se encontró algo que se negó a ser abrazado. Es normal, ya que todo cuanto necesita el mundo es una deidad y un rey consorte».
140. Guanteletes del joven león: «Los guanteletes dorados que portaba Radahn en su juventud. Cuando Malenia, la Espada de Miquella dejó que la flor putrefacta floreciese en Aeonia, Radahn oyó un murmullo en su oído… "Miquella te aguarda, oh, consorte prometido"».
141. Santa Trina nos dice lo siguiente: «Haz que Miquella se detenga. Que la pobre criatura no se convierta en una deidad. La divinidad será la prisión de Miquella. Una divinidad enjaulada… no tiene salvación posible».
142. Árbol cruzado de contrataque: «Hace mucho tiempo, los caballeros de la aguja sirvieron a Miquella, aunque ya no en el presente…, salvo una».

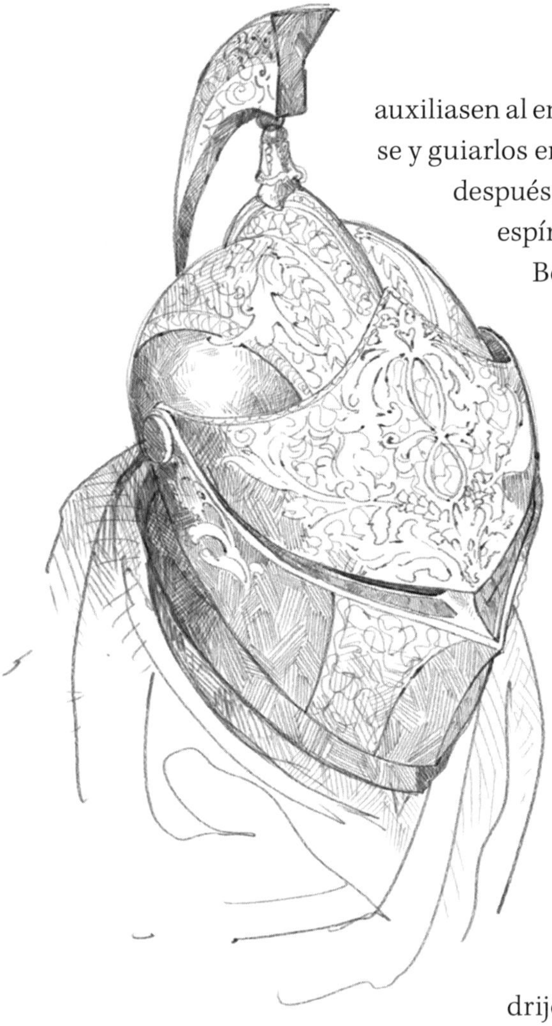

auxiliasen al empíreo cuando este lo necesitase y guiarlos en la empresa. Lo difícil vendría después, pues tendría que arrastrar un espíritu y un cuerpo a lo más alto de Belurat y ayudarlo en la peligrosa misión de eliminar a Messmer. Leda aceptó y consagró su vida a proteger la causa de Miquella, pues ella también deseaba que el mundo fuera más amable.

Ajena a los planes de Miquella, La Madre Informe no se conformó con tentar a Messmer y unir a su causa a los cornamentados. Tenía otro objetivo en mente.

Mohg, como los restantes augurios expulsados de Leyndell, también fue condenado a vivir bajo tierra. En lo más profundo de su escondrijo, se encontró con los Tres Dedos[143] y estos lo guiaron hacia la Madre Informe. La deidad se manifestó como un lago de sangre abrazándolo. Mohg aceptó el abrazo, su poder y la misión que le encomendó. Como Messmer, él también tendría su propia llama. Sus venas ardieron y obtuvo el don del hemofuego. Con esa fuerza, debía crear una nueva dinastía para reinar en las Tierras Intermedias. Para lograrlo, formó un ejército compuesto por cornamentados y humanos disconformes con la Orden Dorada. Entre ellos, se encontraba sir Ansbach, tan inteligente como cruel.

Esa noche, Mohg tuvo un sueño en el que aparecía Miquella. Radahn poseía la fuerza de voluntad suficiente para rechazarlo,

143. Página 88 de *Los secretos de las Tierras Intermedias.*

pero él no. El augurio se obsesionó con el joven empíreo y se convenció de que lo necesitaba si quería poseer el Círculo de Elden, crear su dinastía y acabar con Márika.

Miquella y Malenia siguieron viajando por el mundo y encontraron el lugar idóneo para que naciera su propio Árbol Áureo. Se llamaría Árbol Hierático y sería el hogar de todos aquellos marginados por la Voluntad Dorada, así como el primer lugar en el que Miquella dejaría tras de sí una parte de su ser, pues su esperanza sería la semilla de la que brotarían sus raíces.

El muchacho quedó apresado en la corteza del árbol y durmió. Malenia se quedó a su lado con el objetivo de protegerlo, pero él aprovechó un descuido de la guerrera para conjurar un charco de sangre que empleó como portal entre su reino y Miquella, se presentó en el Árbol Hierático y secuestró al empíreo.

Malenia se enfureció. Liberó toda su rabia y la fuerza de la putrefacción roja. Sabía lo que debía hacer y lo hizo. Marchó con sus valkirias contra Radahn.[144] Antes de hacer florecer la aeonia para atacarlo con toda la energía de la Diosa Escarlata y arrancar con ella el alma de su cuerpo, le susurró a su hermanastro: «Miquella te aguarda, oh, consorte prometido». Fueron las últimas palabras que Radahn oyó antes de perder la cordura.

144. Página 125 de *Los secretos de las Tierras Intermedias.*

# LA LLEGADA DEL SINLUZ AL REINO DE LAS SOMBRAS

Lo primero que Messmer le ordenó a Gaius fue que protegiese la entrada al Árbol Umbrío de cualquier invasor, en especial de algún Caballero Negro al que todavía le quedaran ganas de pelea. Si el árbol caía, su verdadera madre también lo haría.

La noche en la que Andreas se quedó sin su gracia, inició una sublevación contra Messmer. A él se unieron la mayoría de los Caballeros Negros. Al grito de «Matemos a la serpiente», se enfrentaron a él y a sus Caballeros de Fuego, pero fueron diezmados enseguida. Andreas fue exiliado a unas lejanas catacumbas y sus hombres murieron o huyeron.

De entre los supervivientes a la guerra civil que probaron ser fieles a Messmer, fueron escogidos unos cuantos para convertirse en sacerdotes del Árbol Áureo. Imitaron con encantamientos el Iris de la Gracia[145] que Márika le había dado a su hijo. Con ellos en lugar de sus ojos, intentaron calmar los temores de su rebaño fingiendo que la gracia seguía en su interior.

Sin embargo, no todos los sacerdotes aceptaron participar en esta farsa por mucho tiempo. Algunos emplearon el arte de crear Iris de Gracia para generar otros más oscuros, los Iris de la Ocultación.[146] Con ellos, asustaban a los fieles y los hacían participes de la auténtica verdad. Era la Madre Informe la que reinaba en la fortaleza.

A los Caballeros de Fuego también les afectó haber perdido su gracia. Queelign enloqueció. Sin la virtud dorada reconfortándolo,

145. Iris de la Gracia: «Un iris bendecido con un encantamiento del Árbol Áureo. Ponlo en el ojo de otro para conceder la luz de la Gracia como una bendición fugaz. También se puede utilizar para recibir la bendición de una gran runa equipada. En el Reino de las Sombras, este artificio fue empleado por los sacerdotes del Árbol Áureo para calmar, de forma muy efectiva, los temores de su rebaño».

146. Iris de la Ocultación: «Un iris tan oscuro como la noche. Ponlo en el ojo para negar la luz en todas sus formas. También se puede utilizar para recibir la bendición de una gran runa equipada, a costa de todas las runas que se posean. En el Reino de las Sombras, este artificio fue empleado por los sacerdotes del Árbol Áureo para intensificar, de forma muy efectiva, los temores de su rebaño».

las voces de las serpientes de su interior resonaban con más fuerza. Con su juicio destrozado, dedicó el resto de su vida a quemar y a empalar a cualquier hereje.[147] Quizá, si secundaba la cruzada de Messmer, Márika le devolviese su virtud.

Aunque no todos se volvieran locos, sí fueron deshonrados. Perdieron sus títulos y propiedades en las Tierras Intermedias por seguir al lado de Messmer,[148] pero consiguieron algo a cambio. Sin la gracia de Márika, tanto el poder de la Madre Informe como su llama y la influencia de las serpientes creció.[149] Eso los convirtió en un ejército aún más poderoso y temible. En consecuencia, también dejó de interesarles acabar con los cornamentados de la torre.

En una incursión a Rauh, el sabio Wego decidió quemar la iglesia de la Santa del Brote, pero su discípulo Salza se negó,[150] pues había descubierto que al otro lado del edificio existía un árbol muy particular. Si lo hacían arder empleando la llama de Messmer, prenderían fuego también a Belurat, y tal vez eso no complaciera a la Madre Informe. Lo llamaron Árbol Sellado.

147. Caballero de Fuego Queelign: «Espíritu de un caballero aliviado por un Iris de la Gracia. Blande un espadón en forma de lanza que empala al enemigo en fuego para alejar a la bella madre Márika de la impureza».
148. Casco de Caballero de Fuego: «Todos los caballeros provenían de alguna importante familia de los niveles superiores del Árbol Áureo, pero fueron marginados, perseguidos y expulsados de sus hogares tras jugar lealtad a Messmer como su señor».
149. Armadura de Caballero de Fuego: «Solo ellos llegaron a conocer de verdad a Messmer. Sus llamas son como serpientes. Tal es el destino que acompañaba a su forma maldita».
150. Capucha de Salza: «Capucha de Salza, sabio de los Caballeros de Fuego. Una prodigiosa cantidad de tela se enrolla a su alrededor, dando la impresión de una cabeza muy hinchada. Con ella, aumenta la inteligencia. Discípulo del sabio Wego, se negó a quemar unas ruinas antiguas, incluso a pesar de jugarse la vida».

En el palacio de Mohgwyn, las cosas no estaban saliendo como Mohg había previsto. Había logrado secuestrar a Miquella, pero el empíreo no tenía miedo. Miquella le pidió que usase sus poderes y se convirtiera en su sangre. Quería dejar allí la suya, tal y como había dejado sus esperanzas en el Árbol Hierático. Y, con el poder de la Madre Informe corriendo por sus venas, atravesar el velo hasta el Reino de las Sombras sin alertar a Márika. Mohg aceptó, pues lo que más deseaba era desposarse con Miquella para dar comienzo a una nueva dinastía que terminase con la de Leyndell. Acudiendo a su crisol interior, Miquella formó un capullo con forma de huevo y se metió en él. Mohg penetró en su sangre y se volvió informe. Se unieron un mismo cuerpo y los dos durmieron juntos...

Hasta que el Sinluz llegó. Cuando este se encontró con el capullo, creyó que el empíreo era la víctima de aquel ardid. Mohg apareció desde la sangre del muchacho tornándose corpóreo y se enfrentó al Sinluz. El guerrero luchó contra el augurio creyendo que estaba haciendo justicia, que Mohg era un malvado que había raptado al niño. Sin embargo, la realidad era bien distinta. Ya no quedaba nada del hijo de Márika. No era más que un fragmento inútil de sí mismo que contenía otra parte suya dejada atrás, su sangre.

La batalla con Mohg se alargó, pues el augurio era muy poderoso, pero el Sinluz acabó imponiéndose. En el último instante, dudó si arrebatarle la vida o no. Lo cierto fue que percibió cierta bondad en él, la de alguien que se había enamorado y sufría al saber que la muerte le impediría regresar con su amor. Sacudiéndose esa idea de la cabeza, el Sinluz le quitó la vida separando de un tajo su cuerpo de su espíritu.

Leda hizo bien su trabajo. En primer lugar, recogió el alma de Radahn de Caelid y, luego, partió hacia el palacio de Mohg. Por desgracia, tuvo que sacrificar a todos los Caballeros de la Aguja para cumplir con estas tareas. Los Melena Roja defendieron con fiereza el alma de su señor hasta el final. Mientras se dirigía al palacio de Mohg, no reparó en que Freyja lo seguía. El Melena Roja se había propuesto recuperar el espíritu de su general y devolverlo a su cuerpo para que recobrara la razón. Freyja optó por presentarse y convenció a Leda de que creía en la causa de Miquella. Esta, por indicaciones previas de Miquella, aceptó que lo acompañara. Cualquiera que quisiera seguirla sería aceptado sin hacer preguntas.

Juntos, viajaron hasta el capullo en el que descansaba Miquella y recogieron el cadáver de Mohg. Ya tenía las dos cosas que el empíreo necesitaba. El problema era que ni Leda ni ninguno de los nuevos seguidores del empíreo podrían atravesar el velo de Márika, al no ser tocados por ningún dios. Por suerte, Miquella contaba con un hechizo.[151] Al levar a Santa Trina en su interior, podía conceder la gracia necesaria para permitir viajar entre reinos a sus seguidores.

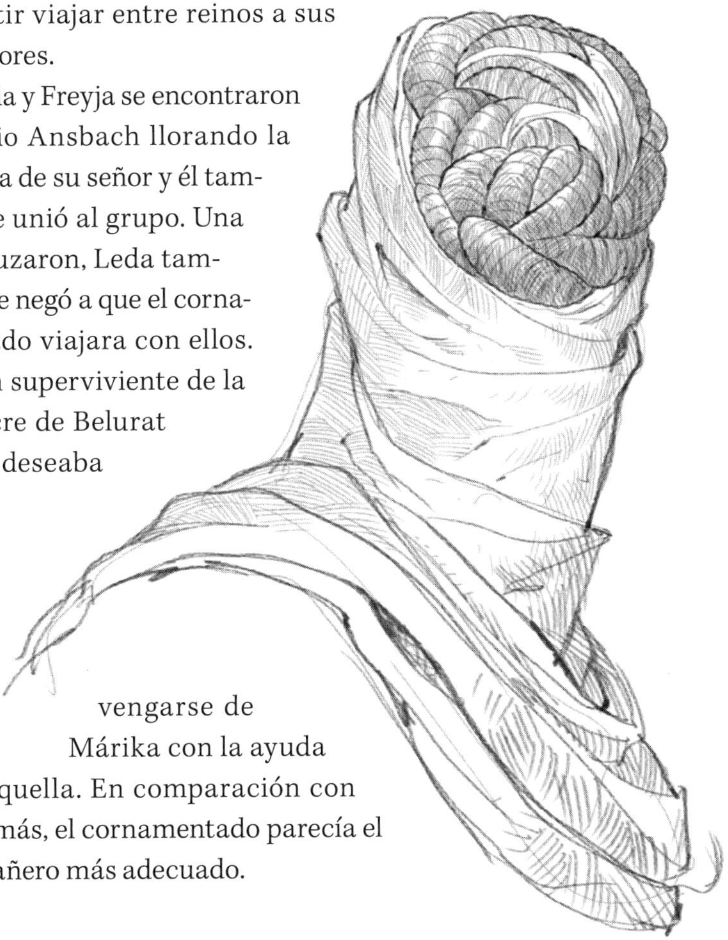

Leda y Freyja se encontraron al sabio Ansbach llorando la pérdida de su señor y él también se unió al grupo. Una vez cruzaron, Leda tampoco se negó a que el cornamentado viajara con ellos. Era un superviviente de la masacre de Belurat y solo deseaba vengarse de Márika con la ayuda de Miquella. En comparación con los demás, el cornamentado parecía el compañero más adecuado.

151. Leda nos dice: «Son una buena cuadrilla, cuyos miembros provienen de todos los confines. Sin duda habrían acabado a la gresca nada más verse... De no ser por el conjuro que nos echó Miquella el Cortés. Es eso lo que nos permite servir juntos. La obra de un dios viviente».

Thiollier, el perfumista de la capital, también se sumó a la cuadrilla. No le interesaba Miquella, sino el dios que vivía en su interior, Santa Trina, dado que quizá en su abrazo encontrara el descanso eterno que sus venenos no le proporcionaban. Tras la Devastación, Leyndell había dejado de ser un buen lugar para hacer negocios. Dane también se alistó. Sus orígenes eran humildes y, al no tener dinero ni para comprar una espada, había desarrollado un poderoso arte marcial capaz de hacer caer abajo un edificio entero de una sola patada. El último en alistarse fue Moore.

La misión de los seguidores de Miquella consistía en facilitarle el camino a este hasta la Puerta de la Divinidad. La única manera de lograrlo era arrebatarle a Messmer su yesca, ya que el fuego de la Madre Informe derretiría el embrujo de Márika. Así, se dividieron las tareas. Moore conseguiría suministros gracias a la ayuda de sus amigas, las plagas. El cornamentado se dedicó a trazar un mapa por los lugares por los que Miquella ya había pasado. El empíreo se lo puso fácil, ya que allí donde iba dejaba partes de sí mismo y nacía una gran cruz dorada del suelo. Radagon le había enseñado a hacerlo usando encantamientos.

A Dane se le encargó encontrar el lugar en el que usar la yesca de Messmer para derretir el velo de Enir-Ilim. Debía ser en un sitio cercano a la torre, pero fuera de sus muros para que los cornamentados no los masacraran. Se hizo eco de lo que se comentaba en la Fortaleza Sombría y supo que la clave estaba en el Árbol Sellado.

Ansbach y Freyja se infiltraron en Belurat con la excusa de que encontrarían la manera de llegar hasta Messmer y descubrir sus puntos débiles. Sin embargo, ninguno de los dos hizo eso, sino que se dedicaron a buscar más información sobre el ritual de la Puerta de la Divinidad, pues eso les daría alguna pista de cómo rescatar a sus respectivos señores.

Thiollier, aprovechándose de los mapas del cornamentado, se ofreció voluntario para seguir a Miquella y ayudarlo, pero lo único que quería era ir tras él para entregarse a Santa Trina.

Sin embargo, Leda aún tenía un problema. Necesitaba a alguien fuerte para matar a Messmer. Ni las fuerzas sumadas de todos ellos podían rivalizar contra él y los Caballeros de Fuego.

Aunque descubriesen cuál era su debilidad, seguía siendo un enemigo demasiado temible. Así pues, decidió quedarse en el Palacio de Mohg y esperar...

Por suerte, el Sinluz regresó, ya que un sueño le dijo que lo hiciera.[152] Leda le pidió que se uniera a su causa, pues parecía fuerte. El seguidor del empíreo no tenía ni idea de que las verdaderas intenciones del Sinluz eran ocupar el trono del Árbol Áureo e iniciar una nueva Era Estelar con Ranni como su señora.[153] Solo le interesaba su fuerza, así que le hizo tocar la mano de Miquella para contagiarse con su conjuro y viajar con él al Reino de las Sombras.

Allí, se encontró con una región pasto de las llamas, pues las tropas de Messmer habían arrasado con todo. Los Gigantes de Fuego le impedían al guerrero moverse con libertad y los Hojamaldita supervivientes lo consideraron un enemigo al que abatir.

152. El jugador regresó porque sabía que había que acudir a este punto para acceder al DLC, pero vamos a tomarnos esa información, que todos hemos leído en nuestros medios de prensa sobre videojuegos favoritos, como si Miquella hubiera acudido también a nuestros sueños y nos hubiese indicado que había que ir a verlo. Tal es el poder del empíreo.
153. Tomamos este final como canon para esta historia.

El Sinluz no tardó en entender que la mejor forma de guiarse por ese extraño lugar era siguiendo las cruces de Miquella. Al llegar a la primera, se encontró a sus seguidores y tuvo clara cuál era su misión: erradicar a Messmer, Rellana y Miquella, tres amenazas. No obstante, prefirió no revelarle sus verdaderas intenciones a Leda y seguirle el juego. Asesinaría a Messmer, le robaría la yesca y la usaría para llegar hasta el hijo de Márika.

Así, recorrió el Reino de las Sombras a lomos de Torrentera y vio con sus propios ojos la depravación de Belurat en cuanto llegó a la ciudadela. Mató a las bestias divinas que quedaban y quiso seguir ascendiendo, pero un poderoso sortilegio se lo impidió: el velo de Márika, aunque había algo más. Con el tiempo, las espinas de la Madre Informe habían crecido hasta llegar a él. Luz y oscuridad se habían unido para proteger la Puerta de la Divinidad de miradas indiscretas.

Por tanto, el Sinluz regresó al Reino de las Sombras y siguió viajando. Se horrorizó con los crímenes cometidos en las cárceles subterráneas por los carianos y mató a Rellana. Finalmente, llegó a la Fortaleza Sombría, aunque le costó alcanzar los aposentos de Messmer. Tuvo que abrirse paso a través de los escombros. Andreas y sus Caballeros Negros habían intentado destrozar el edificio con Messmer dentro.

Tras muchas batallas, consiguió llegar a los aposentos del príncipe. Messmer era fuerte, pero el Sinluz lo era aún más. Logró arrinconarlo y obligarlo a quitarse el Iris de la Gracia para romper el sello y desatar todo el poder de la Madre Informe. Las serpientes primitivas se adueñaron de su ser y el abismo lo alimentó de poder. Pero, pese a la intensidad de su fuego, el guerrero consiguió vencerlo.

Con la yesca de Messmer en su poder, el Sinluz viajó hasta Rauh, donde crecía el Árbol Sellado. Del mismo modo que el fuego de Melina había sido capaz de deshacer la barrera que le habría impedido ir al encuentro de Márika, esta llama haría lo propio con Enir-Ilim. Y así fue: la torre quedó a la vista y el velo se derritió.

Leda comenzó a sospechar de sus aliados. Era cierto que Miquella le había pedido que aceptarse a cualquiera como seguidor, pero hacía mucho tiempo que había perdido contacto con el empíreo y temía que no cumpliera su misión. El Sinluz, para evitar que Leda dudase de él, le propuso que le permitiera mostrarle quién le era fiel y quién no.

Eso lo llevó hasta Costa Cerúlea en busca de Thiollier. Allí, descendió por un acantilado hasta el lugar de reposo de Santa Trina. El empíreo se había liberado de esa parte de sí mismo, pero el dios seguía esperando su regreso. Al encuentro de Santa Trina habían llegado muertos en vida desde las Tierras Intermedias, así como animales y guerreros que habían vivido demasiado tiempo y que solo deseaban una cosa: dormir eternamente para descansar por fin en paz.

Thiollier no solo ansiaba tal cosa, también que Santa Trina lo eligiese como había hecho con el empíreo. Pero sus ruegos no fueron escuchados. El dios del sueño le pidió al Sinluz que detuviese a

Miquella, pues lo que él tanto ansiaba, convertirse en dios, tan solo le traería desgracias.

Ansbach y Freyja, que se enfrascaron en el estudio de todas las tablillas que habían encontrado en el Almacén de Especímenes, no dieron con lo que buscaban. Desesperados, decidieron traicionar a Leda y matar a Miquella.

En unos de sus viajes, el Sinluz se encontró con un guerrero singular que estaba a punto de exhalar su último aliento: Igon. Este se cortó un dedo y se lo dio al Sinluz, pidiéndole que lo usara en la batalla contra Bayle el Temible para invocarlo y matarlo entre los dos. Igon lo había sacrificado todo por la Comunión Dragontina, pues había encontrado en los brazos de la sacerdotisa el amor que siempre le había sido negado. El Sinluz se comprometió a acabar con el dragón. Subió con Torrentera por el escarpado pico que servía de hogar a los dragones y se enfrentó a él.

Bayle era un ser violento e infame, letal y capaz de desatar una violenta tormenta encarnada sobre sus enemigos. Cuando por fin lo derrotó, el Sinluz comprendió de dónde procedía tanto odio. En su corazón, habían nacido cuernos, y estos le provocaban un dolor tan atroz que lo había transformado por completo. Cuando Bayle cayó, Igon por fin pudo descansar.

De regreso a la Fortaleza Sombría, el Sinluz tuvo un encuentro todavía más extraño. En la catedral Manus Metyr, se topó con un peculiar mago llamado Ymir. A su lado, se encontraba una misteriosa guerrera, Jolán. El Sinluz supo apreciar la pena que empapaba su alma, pero desconocía el motivo de su aflicción.

Ymir era un ser intrigante. Encendió la curiosidad del Sinluz al plantearle interrogantes que él ni siquiera había considerado. El guerrero creía que los Dos Dedos eran criaturas sabias, pero Ymir le reveló que eran tan inocentes como niños pequeños y que lo único que les importaba era encontrar el amor, hallar a una madre, por lo que él se había autoproclamado madre de todos ellos y le pidió al Sinluz que lo ayudara en su tarea.

Sin entender muy bien los motivos del hechicero, pero cautivado por la posibilidad de saber más sobre el Reino de las Sombras, el Sinluz viajó a las ruinas que este le había indicado y allí comprendió

que tenía razón. Al tocar las campanas ocultas en el corazón de las ruinas, Metyr se manifestó. La madre de Dedos luchó contra el Sinluz y este la mató. Jolán intentó impedirlo, pero cayó gravemente herida al hacerlo. Ymir se sintió abatido, pues pretendía unirse a ella para convertirse en el dios y madre de todos los dedos.

El Sinluz también se enfrentó al guerrero, pero no fue rival para él. Su muerte fue como una revelación: se preguntó si todo lo que había hecho en su viaje no había sido más que separar a madres de hijos y a amantes de sus parejas. Sus charlas con Ymir le hicieron abrir los ojos y entender que las personas deciden creer en Dios porque se sienten solas y necesitan que alguien las ame.

Jolán dejó tras de sí su espíritu al morir y el Sinluz lo recogió. De nuevo a lomos de Torrentera, lo guio hacia un sitio que no se encontraba muy lejos, la Torre de Rabbath. Oculto entre un montón de libros, encontró el cadáver de Anna. El alma de Jolán se separó del cuerpo del Sinluz y viajó hasta el de Anna para fusionarse en un mismo ser. Sus diferencias ya no volverían a separarlas. El Sinluz sintió cierto alivio, pues, por primera vez, había ayudado a dos personas que se amaban a juntarse.

Decidió que era momento de trepar a Enir-Ilim y matar a Miquella. Sabía que lo encontraría allí. En su ascenso, se encontró con los monumentales. Parecían muñecos rotos, niños de piedra sin vida a punto de transformarse en arena. Luchó contra los guerreros de la torre y los venció a todos, pero todavía tendría que superar un último desafío antes de llegar al encuentro de Miquella.

Leda se presentó ante él tras dejar en la Puerta de la Divinidad el cuerpo de Mohg y el espíritu de Radahn, acompañada por los seguidores que se habían mantenido fieles a su causa. Los monumentales observaban lo que ocurría con su perturbadora e inmutable mirada; era imposible adivinar qué estaban pensando. Lucharon, pues Leda por fin entendió que lo que quería su supuesto aliado era matar a Miquella. Pero el Sinluz no se iba a detener y no tenía tiempo que perder, pues, si Miquella obtenía el poder de un dios, sería demasiado tarde. Lo que no sabía es que retrasarlo era el plan de Leda desde el principio. Jamás podría derrotar al que había matado a Messmer, a Rellana y a Bayle.

Cuando el guerrero consiguió llegar por fin a la cima de la torre, Miquella ya se había transformado en un poderoso dios y Mohg y Radahn se habían fusionado para convertirse en su señor. Miquella le pidió al Sinluz que no se pusiese en su camino, pues su causa era justa, pero el guerrero se negó, ya que era Ranni la que debía liderar el cambio de era.

Colgado de la espalda de Radahn, como Serosh lo hacía de la de Godfrey, el Sinluz sufrió lo indecible para abatirlo. En más de una ocasión, creyó que perecería sometido por los meteoritos que le arrojaba o por los haces de luz que le lanzaba desde el cielo. No obstante, con gran pericia y perseverancia, logró esquivar los ataques

del dios y llegar hasta su cuello con su espada. Antes de rebanarlo con su filo, le pareció oír a Radahn pidiéndole por favor que acabara con su sufrimiento. Así lo hizo, deseando que el valeroso guerrero descansase en paz.

Con la extinción del empíreo, todo quedó en silencio. El Sinluz contempló la Puerta de la Divinidad y todos los cadáveres que habían tenido que usarse para darle forma. Deseó de corazón que el futuro que Ranni quería para el mundo impidiera que algo así volviera a pasar. Pero no había tiempo para pensar en ello, pues debía regresar a las Tierras Intermedias y enfrentarse a la Voluntad Dorada.

Cuando se marchó de Enir-Ilim, el Sinluz creyó oír las risas de los monumentales a su espalda.

# III

# LOS SECRETOS DE *SHADOW OF THE ERDTREE*

Viajero, se acerca el final. La conclusión de este relato se halla ya a pocas millas. Pero, antes de alcanzar la meta, conviene fijarse en un par de detalles en los que tal vez no hayas reparado. Los secretos del Reino de las Sombras no solo están en la simbología de sus imágenes o en la historia no contada, también en la manera en la que esta región se ha diseñado. De eso nos ocuparemos en esta parte, que servirá para despedirnos hasta el próximo viaje.

# LUZ Y SOMBRAS

Es comprensible tener la impresión de que FromSoftware es tremendamente continuista con sus obras. Vistos *Demon's Souls* y *Elden Ring* desde la distancia, parecen obras similares. La diferencia entre uno y otro, así como entre *Dark Souls* y *Bloodborne*, está en las pequeñas cosas, en las elegantes evoluciones de sus juegos en materia de diseño de mundo y en la forma en la que su territorio sugiere el *lore*.

Sobre lo segundo, hay que mencionar un arma muy peculiar, la Espada en Funda de Piedra. Su descripción dice: «Una espada que nadie puede sacar de su funda de piedra agrietada. Una reliquia de una civilización perdida de un tiempo muy lejano, de la que se dice que cumplía una función ritual en los altares de la luz y la oscuridad».

Al escribir el *lore* narrado en forma de historia en la parte anterior, mencionábamos que los artesanos de Eochaid se hicieron con la tecnología que otra antigua civilización había dejado atrás. Esta espada también es obra de ellos. Lo interesante no es intentar adivinar si esa civilización es una de otro juego de FromSoftware o si se refiere a una raza primitiva que ya habitaba las Tierras Intermedias. Posiblemente, se refiera a los Señores de Alabastro, pero lo relevante es el sabor que le aporta al *lore*.

Esta espada en piedra puede transformarse en dos filos diferentes. Podemos convertirla en la «espada de oscuridad que fue sacada de su funda de piedra en un altar. Desde la mismísima base, unas espirales de oscuridad se fusionan y se liberan, con sus vértices y remolinos dándole forma al filo oscuro». También podemos transformarla en la «espada de luz que fue sacada de su funda de piedra en un altar. Desde la mismísima base, inquebrantables rayos de luz se entrecruzan y reflejan para darle forma al plateado filo».

Para hacer estas transformaciones, hemos de llevar la espada en su funda de piedra a un altar, es decir, a un lugar de culto. Rezando en este altar, podemos volvernos luminosos u oscuros. Lo curioso es que el estado de luz y sombras es reversible, lo que nos recuerda que siempre hay oscuridad en la luz, y viceversa, que es un estado de quita y pon inherente a la naturaleza básica del ser humano.

Por lo tanto, esta espada habla de Márika y su relación con la Madre Informe. Ambos seres son madres, son piedra, son el material original con el que se crea el arte y la vida. Y en la vida hay tanto oscuridad como luz.

Los dos altares en los que podemos alternar la naturaleza de esta espada de piedra están ubicados en dos lugares muy especiales. Uno se encuentra en las Antiguas Ruinas de Rauh. Ahí, podemos transformar la espada de la oscuridad en una de luz, porque allí fue el único lugar en el que Márika fue feliz, en el que se enamoró y encontró algo de paz al lado de Hoarah Loux.

El otro altar es el que convierte la espada de piedra o de la luz en la de la oscuridad. Este se esconde en las Ruinas de Unte. Este altar se encuentra rodeado por un precioso manto de flores, uno idéntico al de la Aldea del Chamán, hogar de Márika. El motivo es que, para aceptar la oscuridad de la Madre Informe, hay que abandonar la pureza y lo hermoso que habita en uno mismo. Esto es justo lo que hizo Márika al aceptar a una de las serpientes primigenias.

Lo interesante es que este altar está protegido por un gigante de Messmer desactivado, por lo que funciona como muro. Lo que está haciendo el hijo es proteger el secreto de su madre, sabiendo en lo que esta se convirtió para engendrarlo. En el momento en el que Messmer comprendió que la mujer que sonreía en la estatua no era Márika y se dedicó a destrozar las demás efigies repartidas por el reino, debió llegar hasta este altar y comprendió la siniestra dualidad que habitaba en ella y en él mismo.

Por esto, el ejercicio narrativo que se consigue con esta espada es fantástico. El juego jamás acaba de revelar de forma fehaciente que Márika y la Madre Informe son las dos caras de la misma moneda. Solo lo sugiere a través de la piedra, de las estatuas y de las espadas, y lo refuerza con una civilización antiquísima que ya se percató de que en las Tierras Intermedias nunca nadie es una sola cosa, sino un estado intermedio entre su luz interior y su oscuridad. Por eso, la reina de Leyndell nunca es ni Márika ni la Madre Informe, sino un ente que vive entre estos dos estados. Y, para comprender algo tan simbólico y etéreo, tan intangible y místico no se pueden usar las palabras, sino tan solo sugerencias bien construidas.

Este nivel de delicadeza a la hora de escribir y hacernos entender *lore* solo puede llegar tras haber desarrollado tantos juegos parecidos. Porque el *lore* de Hidetaka Miyazaki y Yui Tanimura cada vez usa mejor lo no explícito, ¡y eso que es dificilísimo contar algo sin contarlo y que se entienda! Qué fácil sería dejar por ahí un objeto que dijera: «Cómo sufrió Márika al sentir su cuerpo desgarrándose desde dentro por las serpientes de la Madre Informe». Pero ¿puede una descripción tan obvia hacernos sentir a un nivel profundo el dolor de la inquietud, la duda, la incertidumbre y la tensión que supone ser luz y oscuridad a la vez? No, eso solo se consigue sugiriendo, porque la sugerencia te invita a reflexionar, a rellenar los huecos de información con tu propia sensibilidad e imaginación.

Sin embargo, el excelente trabajo a nivel de *lore* no solo se encuentra en la espada en sí misma o en las estatuas de la Fortaleza Sombría, también en el sitio en el que encontramos el arma en su funda. Esta se oculta en lo más profundo de las Catacumbas de Grieta Neblinosa. No es un lugar elegido al azar. Recorriendo sus pasillos, nos encontramos el Hacha Larga de Caballero de la Muerte, que dice: «Crepita con el rayo, el poder del culto a los dragones antiguos de la capital. El caballero fue antaño guardia personal de Godwyn y protector del cadáver sustituto del Príncipe de la Muerte». También el Manual de Caballero de Dragón Antiguo: «Registro sobre las técnicas de creación del caballero del dragón antiguo, quien siguió a los caballeros dorados de Godwyn hasta el Reino de las Sombras».

Estos objetos se hallan aquí porque las Catacumbas de Grieta Neblinosa son un lugar dedicado a Godwyn, el hijo de Márika asesinado a causa del complot de Ranni. ¿Es tener un hijo un acto bondadoso altruista o un acto oscuro y egoísta? ¿Es Godwyn bueno o malo? No es ni una cosa ni la otra, es un conjunto de sombras y luces, como la propia Espada en Funda de Piedra.

Cuando se anunció este DLC, muchos creímos que su historia estaría centrada en este personaje. Tuvimos la impresión de que detallaría su relación con los dragones, de que viviríamos el asalto de Gransax a Leyndell y cómo llegó Fortissax a trabar una amistad con él. Sin embargo, *Shadow of the Erdtree* tan solo nos ofrece esta información tan sugerente sobre el hijo dorado de Márika, que tiene tanto valor gracias a la presencia de esta espada.

La huida de Thiollier de Leyndell y su periplo por el Reino de las Sombras para hallar a Santa Trina, unirse al dios y lograr la paz que proporciona el descanso eterno nos habla del infinito y seductor poder de la muerte. Godwyn se transformó justamente en eso, en una representación de la muerte, aunque no sea una completa. Al no aclarar nada sobre Godwyn, este DLC parece querer decirnos que el príncipe ha aceptado su condición de vivir entre dos mundos, el de los vivos y el de los que ya no están. Por eso, acudir a su encuentro tiene cierto sentido de peregrinación.

En estas catacumbas, nos encontramos las cenizas de Andreas, comandante de los Caballeros Negros. «Los Caballeros Negros eran la fuerza principal del ejército de Messmer. Su primer líder fue Andreas, un hombre dotado de gran fuerza y dominio sobre los poderes del crisol y cuyo espíritu habita en estas cenizas. Aunque tras su huida del Árbol Áureo siguió siendo un devoto seguidor de Messmer, se rebeló tras conocer la naturaleza reptiliana de su señor. Por ello, fue encarcelado en una tumba subterránea.»

Andreas se encuentra retenido en estas catacumbas. Es interesante que se encuentre en esta, y no en otra. Messmer es oscuridad, entendida esta como confusión, turbulencias y miedo. Por otro lado, Godwyn se presenta como alguien que ha aceptado su sino, por eso es luz. Teniendo en cuenta que no es difícil escapar de las catacumbas, podemos pensar que Andreas decidió quedarse ahí y morir en ellas. El motivo es que residir en un lugar habitado por Godwyn le ofrece esa luz que la oscuridad de Messmer le negó. Y este mensaje se refuerza, una vez más, con la presencia de la Espada en Funda de Piedra.

Esta es la gran evolución y el gran cambio que aporta *Shadow of the Erdtree* con respecto a *Elden Ring* y la trilogía *Dark Souls*. Sus objetos colaboran mucho mejor en la narración no explícita de su *lore*. Ya no solo es relevante la descripción o la imagen del ítem que vemos en el inventario. No solo importa dónde se halla el objeto, sino también las relaciones que se producen entre los habitantes de ese sitio y este, así como de qué forma conecta con otros objetos que existen en el mundo. Y entender esto es muy importante cuando analizamos la obra de FromSoftware, pues sus historias no dejan de ser relatos sobre relaciones.

Solo así se ha podido construir un personaje tan complejo como Márika. Ella trae nueva vida al mundo (Voluntad Dorada), pero padece y sangra (Madre Informe) y también sufre una transformación entre lo grotesco y lo natural (Diosa Escarlata). No se me ocurre mejor forma de explicar algo tan complejo como lo que significa ser madre que la manera en que lo hace *Shadow of the Erdtree*.

## LO CERÚLEO Y LO DORADO

La clave del punto anterior se encuentra en el uso de los contrastes. Para hablar de Márika del modo en el que se hace, se enfrentan la luz y la oscuridad, la bondad y la maldad, la vida y las heridas. Cuando dos elementos tan contrapuestos se contraponen, se activa algo en nuestra mente. Pensamos, buscamos conexiones entre ambos y sus significados profundos. Es así como *Shadow of the Erdtree* nos empuja más allá del *lore* y nos hace penetrar en los sentimientos de sus protagonistas.

En el caso de la Espada en Funda de Piedra, el contraste es claro. Por un lado, están las sombras y, por el otro, las luces. Pero hay otro contraste menos obvio en *Shadow of the Erdtree* que es igual de relevante, el que existe entre lo cerúleo y lo dorado. El nexo entre la luz y la oscuridad es la Espada en Funda de Piedra, mientras que el de lo cerúleo y lo dorado es un personaje, Ymir. Este hechicero y astrólogo es uno de los personajes más significativos de todo el DLC. Manus Metyr es maravillosa; se trata de una vieja catedral que se levanta sobre el agua. Nada más divisarla, es imposible no hacer frenar a Torrentera para contemplar su belleza durante un buen rato.

El lago que la rodea parece encerrar peligros, por lo que resulta conveniente que nos tomemos nuestro tiempo antes de mojar en él los pies. Esta cautela nos la llevamos con nosotros al acceder a la nave principal de la iglesia, en cuyo interior lo que nos frena no es lo húmedo, sino lo oscuro.

Ymir se presenta al fondo de todo, en el ábside, como si fuera un jefe final dispuesto a transformarse en un monstruo horrible, pero no lo hace. Esta presentación es fantástica. *Shadow of the Erdtree* no invierte ni una sola cinemática ni un tema musical especial para que Ymir impresione, tan solo recurre a un lago y a unas cuantas sombras. Eso es *lore*. El agua evoca a los Grandes; la oscuridad, al abismo. Y en el medio de todo eso se encuentra Ymir, cómodo y relajado, como en casa.

La cuestión es que Ymir hace honor a esta presentación. Resulta impresionante encontrarse con alguien tan abierto a descubrirnos los secretos del mundo. Nos pasamos más de cien horas en las Tierras Intermedias y otras cincuenta en el Reino de las Sombras sin ninguna información real y tangible. Todo son sugerencias, indicios y pistas, lo que es genial, pero a veces resulta agobiante no saber nada con certeza.

Y entonces aparece Midir y te dice que los Dos Dedos son unas criaturas inmadura faltas de amor, que vienen del espacio y que tanto los Caria como Leyndell son igual de imbéciles, pues ambos se han creído las mentiras de los Dos Dedos. Y así es, Ymir tiene razón. A su lado, descubrimos que unos y otros son las dos caras de una misma moneda, las dos manos de un mismo cuerpo. Por su sinceridad, Ymir nos causa una impresión tan profunda como la propia Espada en Funda de Piedra, pues es un personaje que también es místico y poderoso, ambiguo y gris, intermedio y profundo, que habita en un lugar cuya mera existencia tiene su propio significado implícito.

Ymir nos invita a fijarnos en los parecidos y diferencias entre los carianos y los habitantes de Leyndell, entre lo dorado y lo azul, y lo hacemos. La llegada al Reino de las Sombras es dorada. Las espigas del campo acarician las patas de Torrentera. Miquella empezó su viaje en el mismo lugar en el que lo hacemos nosotros. La Llanura de las Tumbas es tranquila y su hierba dorada transmite quietud y hasta ganas de vivir. Es decir, lo dorado es el inicio de algo, de lo que comienza y va hacia alguna parte, de lo puro, lo que todavía no ha sido corrompido.

La primera vez que nos vemos en la Llanura de las Tumbas, nos sentimos impresionados por ella. Pasamos del horripilante palacio en el que hemos matado a Mohg a este lugar tan bonito y nos quedamos paralizados. Dicho así, parece fácil impresionar al jugador, ¿verdad? Basta realizar un fundido en negro y trasladarlo de un lugar a otro que tenga un acabado artístico totalmente distinto al anterior. La pregunta es: ¿cómo se logra este mismo efecto sin usar esta transición tan manida? Pues con un diseño de cuello de botella.

Llegar a Costa Cerúlea no es fácil. Hemos de descender por el larguísimo y peligroso curso bajo del río Ellac. Este tramo no es tan largo porque sí. Permanecer tanto tiempo recorriendo el sendero del agua flanqueados por muros de piedra te desconecta de la realidad, te apaga las neuronas. Y, una vez que te acostumbras a tanta humedad y a tantísima roca gris, *Shadow of the Erdtree* te hace tomar un desvío, subir una pequeña cuesta que impide que veas lo que hay después y, ¡pam!, aparece de golpe ante ti y sin previo aviso la belleza azul de Costa Cerúlea.

Es decir, ambos emplazamientos, la Llanura de las Tumbas evocando a Leyndell y la Costa Cerúlea al hogar de los Caria, provocan el mismo efecto *wow* en la mente del jugador. La única diferencia es que la Llanura de las Tumbas lo logra a través de un fundido en negro, una técnica artificial y externa a la realidad del mundo de juego, mientras que la Costa Cerúlea lo consigue con un truco de diseño que sí es diegético. Porque el poder de Márika proviene de fuera de las Tierras Intermedias, de la Voluntad Dorada, mientras que el de Ranni nace de ella misma, del análisis que esta ha hecho de las estrellas y la luna. En cierto modo, Leyndell le quiere entregar el mundo a una criatura de fuera, mientras que Ranni pretende lo contrario con su Era Estelar. Estos simbolismos ya los usaba *Dark Souls*. El calor de la llama y su enlazado era antinatural, mientras que la oscuridad era natural, un símbolo del hombre.

Sin embargo, aunque planteado así el contraste este dos sitios parezca indicar que la Costa Cerúlea es buena y que la Llanura de las Tumbas es mala, la realidad es bien distinta. Lo cierto es que *Elden Ring* nunca se expresa en estos términos éticos absolutos. En todo lugar en el que hay maldad hay también bondad, y viceversa, como representa el yin y el yang.

La Llanura de las Tumbas está repleta de eso, de tumbas por todas partes. Los muertos, incapaces de morir, vagan por ella sin rumbo, buscando el crisol o a Santa Trina. En lo primero que pensamos es en todo el mal que ha hecho Márika al arrancar la runa de la muerte del Círculo de Elden, de los estragos de la cruzada iniciada por Messmer o de la crueldad que le exige a sus fieles la Madre Informe. Esa oscuridad es el punto negro que se halla entre todo el blanco del yang.

Pero la Costa Cerúlea no se libra. Al ser un lugar con un diseño artístico más exuberante que la Llanura de las Tumbas, la manera en la que se representa ahí la muerte también es más exagerada. Hay ataúdes inmensos, rocas funerarias grandes como torres y un cementerio sobre ella.

Es decir, tal y como dice Ymir, lo cerúleo y lo dorado es lo mismo. Algo precioso en teoría que esconde muerte en su interior, dos ideas igual de ingenuas y necias. Por eso, los Dos Dedos pueden manipular a Márika y hacerla suya. Precisamente por eso, hay tantos señores que desean comenzar una nueva era dejando todo este desastre atrás.

En los videojuegos de FromSoftware, no solo hay dos alternativas, no solo hay que elegir entre apagar la hoguera o enlazarla. También, si sabemos mirar más allá, suele aparecer una tercera vía, una tercera posibilidad. Aldia nos la propone en *Dark Souls II*.[154]

154. Si no lo has hecho ya, busca en Spotify el programa de Nuevebits *A juego lento*, «*Dark Souls II*», en el que le dedico más de diez horas a recorrer Drangleic al lado de mi buen amigo Tito Cole. Para disfrutar plenamente de *Elden Ring*, hay que aprender a querer a *Dark Souls II*.

En *Elden Ring*, parece que solo hay dos formas de ser madre, la de la Reina Márika y la de Rennala. Márika expulsa a sus hijos, pero Rennala los acoge entre sus brazos. En ambos casos, todo acaba mal, cierto. La tercera opción de *Elden Ring* aparece en *Shadow of the Erdtree* y la encarna Ymir. El hechicero se presenta como madre amantísima. Antes de abrazar a los dedos que serán sus hijos, está Jolán interpretando el papel de hija. Márika no abraza, Rennala sí. ¿Qué hace Ymir? Grita a los cuatro vientos que es capaz de amar, pero es un amor egoísta, es un cariño que nunca llega a dar. Jolán daría la vida por su madre adoptiva, porque sus mentiras se convirtieran en realidad, pero estas no dejan de ser más que mentiras. El único amor que encontrará Jolán será al lado de Anna.

Y aquí está el otro magistral contraste que construye la personalidad de Ymir. Parece el más sabio de todos, el que tiene más información, el más listo, pero es tan necio que ama el amor sin tener ni idea de amar.

## FUEGO Y PIEDRA

En el mundo, no hay bondad ni maldad, no hay amor ni odio. Solo existen estados intermedios. En cualquier momento, por una circunstancia u otra, podemos pasar de la ira al abrazo o del grito al beso y seguiremos siendo nosotros mismos. Este es el mensaje último de *Elden Ring* y de *Shadow of the Erdtree*. Somos, a la vez, padre e hijo, madre e hijo, abuelos y bebés. Somos muchas partes diferentes en continua colisión y, para reconciliar todos esos pedazos, no hay que buscar el consuelo de un dios, sino de nuestros seres queridos. Porque Rennala solo fue feliz al lado de Ranni y Márika en el regazo de su madre, y los dragones tan solo tuvieron paz viviendo los unos con los otros.

Todo lo demás —la fe, el poder, la soberbia, la envidia— tan solo impide que esas mitades turbulentas, oscuras y brillantes que nos componen se reconcilien y se acepten. Eso es con lo que nos tenemos que quedar de *Elden Ring.* Y el amor no se puede forzar. Miquella es un infeliz porque fuerza a Radahn a amarlo, como también lo es Mohg o el propio guerrero.

Y eso nos lleva a los dragones. La manera que tienen Hidetaka Miyazaki y Yui Tanimura de escribir a sus dragones es muy especial. No son monstruos, como en *Dungeons & Dragons*, no son armas, como en *Juego de tronos*, no son seres sabios, como en *El Señor de los Anillos*. Son criaturas que sufren, son seres nacidos con el destino de ser dioses, pero condenados a ser repudiados. El dragón siempre cae derrotado, es obligado a exiliarse, y solo encuentra la redención a través del amor de quienes también han sido rechazados por la sociedad. Porque, a los dragones, el mundo les parte el corazón. De eso nos habla Bayle el Temible.

Bayle es un dragón muy particular. En apariencia, no es más que uno muy enfadado, listo para convertirse en uno de esos jefes secretos que tanto nos gustan en JRPG y videojuegos de aventuras. Lo magnífico es la causa por la que Bayle es temible y se vuelve malo, pues conecta con el mensaje de fondo del juego: el amor y los corazones rotos.

La Tiranía de Bayle dice: «Incluso tras ser consumido, el palpitante corazón de Bayle sigue resistiéndose a la subyugación. Algún día, el fuego de su interior consumirá el cuerpo y el alma del miembro de la Comunión que lo devorase. Algún día». El corazón de Bayle está invadido por piedras similares a cuernos, es un corazón destrozado y herido, y este dolor es la causa fundamental de que sea violento y temible. Los cuernos son los de los cornamentados, representan la soberbia, el odio y la pérdida de la humanidad. Han invadido a Bayle y han corrompido su esencia. Conocemos la peligrosa soberbia de Belurat al descubrir cómo es Bayle, y viceversa.

El corazón de Bayle no es como el de los demás dragones, pues es biauricular. Si nos fijamos en la imagen que ilustra el corazón de un dragón corriente, veremos que no tiene aurículas, no tiene ningún tubo de carne para recibir y expulsar sangre, a diferencia del de Bayle. Esto se acentúa en su descripción: «El corazón biauricular de Bayle el Temible». Por sus aurículas, forma y color, el de

Bayle es el corazón que más se parece al humano de todos los de su especie y es el único al que le han brotado cuernos. Bayle sufre porque tiene el corazón herido, pero ¿es la violencia que desata pura furia o es la forma que tiene de resistirse a su transformación en hombre? ¿Sufre porque está sintiendo con la intensidad con la que lo hace un hombre o una mujer, o tan solo por las heridas internas que padece?

Cuando a alguien le parten el corazón se aísla, se aparta de todos y recibe con violencia a cualquiera que quiera dialogar con él. Eso es lo que hace Bayle, y por eso es temible, porque es el que más se parece de todos a un humano. Precisamente por eso, su corazón es tan deseado por la comunidad dragontina. Bayle se resiste a ser subyugado por los cuernos, ¿es porque se resiste a comprender sus propios sentimientos?

La manera en la que llegamos al encuentro con Bayle resulta muy estimulante. Hemos de esforzarnos mucho en subir por una escarpada montaña llena de obstáculos. No hay apenas enemigos, por lo que es un ascenso en profunda soledad. Nos rodean los cadáveres y nos asalta su propia furia convertida en rayos rojos. Si con la Espada en Funda de Piedra y Márika entendimos lo que significaba cambiar por amor al convertirse en madre, si con Ymir entendimos lo duro que es desear amar sin saber cómo hacerlo, con Bayle comprendemos lo que se sufre ante una separación. Una ruptura es soledad y vernos obligados a recorrer un camino en el que nos enfrentamos a nosotros mismos para superar nuestra pena.

Cuando nos encontramos a Bayle, este vive en su propio estado intermedio entre el dolor y la redención. Desea derrotar a la miseria causada por las espinas de su corazón que intentan subyugarlo, y este esfuerzo es representado por Igon. «Verdadero guerrero drago —le grita este a Bayle durante el combate—: ¡Tus miedos se volvieron realidad! ¡No me atormentarás nunca más!» Esto se debe a que es tanto el miedo como el tormento lo que uno sufre tras una superación.

Con estos tres ejemplos, ponemos fin al tremendo viaje que hemos realizado por el Reino de las Sombras. Entendiendo que el gran mensaje que nos quiere transmitir el juego es la importancia del amor y de lo mucho que se puede llegar a corromper el corazón cuando nos equivocamos al entregarlo a la persona o ponerlo en un lugar determinado. Por supuesto, esto no es más que una interpretación, y esa es la grandeza de esta obra. Gracias a toda su simbología, su historia fragmentada y su diseño de juego, es posible que tú, viajero que ahora abandonas el Reino de las Sombras, te hayas quedado con otro mensaje.

Y todos son válidos, siempre que hayan hecho mella en tu corazón.

# UNA DESPEDIDA

Querido viajero, gracias por haber llegado hasta aquí. Tu viaje a través de estas páginas ha concluido, pero todavía queda otro por iniciar. Prepara un buen café, siéntate, descansa. Respira, toma aire y acomódate, pues ahora toca comenzar la más difícil de las peregrinaciones, aquella con la que cabalgarás directamente al corazón de tu alma.

Has conocido una cara extraña y enigmática de Márika, a un Messmer y a una Rellana que quizá no eran quienes pensabas. Posiblemente, la personalidad de Miquella no era la que creías, ni tampoco la de Mohg, Leda o los monumentales. Y eso es algo maravilloso.

Un videojuego es interactivo, y no solo porque se juegue pulsando botones y realizando acciones, sino porque nos tiene que hacer pensar, dudar, hablar y crear. Por tanto, es tu turno. Lo que acabas de leer no es más que una historia del Reino de las Sombras y ahora tienes que escribir la tuya. Habla de ella con tus amigos, interprétala en función de lo que te dicte tu corazón y convierte este libro en lo que es, una humilde guía para conocerte más a través de la interpretación de un videojuego tan magnífico y complejo como este.

Porque eso son los videojuegos, eso es jugar.

Querido viajero, hasta pronto.